Expressões do Sagrado

ANTONIO MAGALHÃES
RODRIGO PORTELLA

# Expressões do Sagrado

## Reflexões sobre o fenômeno religioso

**EDITORA SANTUÁRIO**
Aparecida-SP

 Cultura e Religião

DIRETOR EDITORIAL:
Marcelo C. Araújo

EDITORES:
Avelino Grassi
Márcio F. dos Anjos

COORDENAÇÃO EDITORIAL:
Ana Lúcia de Castro Leite

COORDENADOR DA COLEÇÃO:
Rodrigo Portella

REVISÃO:
Leila Cristina Dinis Fernandes

DIAGRAMAÇÃO:
Juliano de Sousa Cervelin

CAPA:
Simone Godoy

Coordenador da Coleção: Rodrigo Portella
Cultura e Religião

**Dados Internacionais de Catalogação na Publicação (CIP)**
**(Câmara Brasileira do Livro, SP, Brasil)**

Magalhães, Antonio
  Expressões do Sagrado: reflexões sobre o fenômeno religioso / Antonio Magalhães, Rodrigo Portella. – Aparecida, SP: Editora Santuário, 2008. (Cultura & Religião)

  ISBN 978-85-369-0131-2

  1. Experiência religiosa 2. Fenomenologia 3. Religião - Filosofia 4. Sagrado 5. Teologia fenomenológica I. Portella, Rodrigo. II. Título. III. Série.

08-03693                                                                                         CDD-210

**Índices para catálogo sistemático:**

1. Sagrado: Fenômeno religioso: Fenomenologia
   da religião: Ciência da religião 210

Todos os direitos reservados à **EDITORA SANTUÁRIO** — 2008

Composição, CTcP, impressão e acabamento:
**EDITORA SANTUÁRIO** - Rua Padre Claro Monteiro, 342
Fone: (12) 3104-2000 — 12570-000 — Aparecida-SP.

Ano: 2011   2010   2009   2008
Edição: **9   8   7   6   5   4   3   2   1**

# Apresentação da Coleção Cultura e Religião

Emerge, na sociedade contemporânea, um novo e revigorado interesse pela religião, seja na academia universitária, em círculos intelectuais, ou entre estudantes e curiosos em busca de conhecimento religioso geral, a título de erudição cultural ou busca existencial. Atualmente, o interesse pelo fenômeno religioso – por parte de intelectuais, acadêmicos, curiosos, "buscadores" ou devotos – não se restringe mais a uma religião específica ou a um determinado tipo de tema. Com a globalização e a visibilidade da pluralidade religiosa que ela acarreta, o indivíduo moderno encontra-se diante das mais diferentes formas de manifestações e temas religiosos. A visibilidade da pluralidade religiosa lança as pessoas a um número quase indefinido de modelos e propostas religiosas, gerando, senão um interesse existencial, no mínimo uma convivência que suscita o interesse por entender e compreender o outro, o diferente. O fato é que conhecer e entender o(s) fenômeno(s) religioso(s) e seus processos é uma das chaves para a aproximação ao conhecimento e ao entendimento da sociedade e do ser humano.

Assim, na sociedade contemporânea, diferentes tipos de catolicismos, de protestantismos, de religiões afro-brasileiras, mediúnicas, de novos movimentos religiosos, autóctones ou importados, de religiões dantes distantes e que, agora, se fazem vizinhas, seja por sua inserção no Brasil ou por citações nos meios de comunicação, estão presentes, simultaneamente e convivendo ora em paz, ora em tensão. Toda essa pluralidade traz indagações, suscita interesse acadêmico, provoca a curiosidade, o desejo de conhecimento introdutório – na maioria das vezes – ou profundo sobre o que são e significam as várias formas religiosas, suas doutrinas, suas dinâmicas históricas, sociológicas, enfim, leva pessoas de todos os estratos sociais a buscarem explicações, compreensão sobre este quadro ou, ao menos, conhecimento básico desta "babel" religiosa. Como se não bastasse esta nova configuração global, que faz serem as formas religiosas objetos de cada vez mais estudo ou curiosidade, há também o fator histórico de que religião, seja em que nível de conhecimento for – acadêmico ou popular –, sempre suscitou interesse de conhecimento.

O Brasil, por sua vez, é um país em que a palavra "religião" encontra semântica ampla, plural e viçosa. A despeito do processo de secularização e até mesmo como resultado dele, a atmosfera religiosa nunca esteve ausente no Brasil. Diversas tradições e linguagens religiosas sempre conviveram no Brasil, país que parece ser terra fértil para o surgimento de novas expressões religiosas e para releituras de antigas tradições de fé. Aliás, fé é o que não falta por aqui, de vários modelos, intensidades, jeitos, em diversas modulações e composições.

A riqueza religiosa expressa neste país tem levado, cada vez mais, pessoas e academias ao estudo do fenômeno religioso. Muitos professores, seja do ensino básico, médio ou universitário, estão a se deparar, em sala de aula, com essa diversidade religiosa entre seus alunos e precisam saber como lidar com essa realidade. Também estudantes das ciências humanas e sociais têm sido impelidos à busca de respostas, ou melhor, de pistas para respostas às dúvidas e aos questionamentos que surgem quando do contato, em seus estudos, com a questão religiosa. A visibilidade da religião na sociedade brasileira, e em nível internacional, e a complexidade que essa diversidade religiosa cada vez mais visível apresenta não podem e nem devem ser banalizadas em respostas fáceis, do senso comum. Torna-se imprescindível, entre profissionais e estudantes das áreas das ciências humanas e sociais, assim como para profissionais da área de ensino, o conhecimento de conceitos básicos sobre teorias e análises acadêmicas em relação à religião.

Nesse sentido, atualmente, no Brasil, nota-se a intensificação de oferta e busca por cursos superiores de graduação e pós-graduação na área das Ciências da Religião, que já são oferecidos por muitas universidades, inclusive públicas. Isso sem contar as inúmeras disciplinas em cursos de graduação das áreas de humanas e sociais que remetem, direta ou indiretamente, à análise dos fenômenos religiosos. A coleção "Cultura & Religião", portanto, vem ao encontro de uma demanda crescente na sociedade e em meios acadêmicos, em que muitas pessoas, pelos mais diversos motivos, buscam conhecimento na área dos estudos sobre religião através de publicações sérias e de bom conteúdo.

As motivações para o estudo do fenômeno religioso são várias, como acima citamos. Contudo, vale destacar duas motivações subjetivas básicas que costumam estar presentes na busca por esse conhecimento. Há o desejo do cético ou do crítico em buscar um "acerto de contas" com a religião e, em lado oposto, a busca do crente militante por certezas ou pela construção de apologias em relação à sua religião. O que queremos nesta coleção, no entanto, não é nem fazer a defesa desta ou daquela religião, nem tentar, numa crítica descomprometida com o rigor acadêmico ou com a isenção devida, desconstruir a(s) religião(ões). Nosso intuito: apresentar, de forma introdutória e básica, o fenômeno religioso expresso em diversas formas. O que o leitor também encontrará nesta coleção são reflexões, questionamentos e perguntas como convites à sua reflexão pessoal.

Nesta coleção estão presentes olhares teológicos e fenomenológicos que visam à compreensão empática do fenômeno religioso, a partir de dentro, considerando a experiência religiosa como experiência real. Porém, o leitor também se deparará com olhares funcionalistas ou que reduzem a explicação da religião ao módulo disciplinar. A abordagem da coleção, portanto, quer ser epistemologicamente plural.

Desejamos que nossos leitores possam encontrar na coleção "Cultura e Religião" uma porta de entrada para este fascinante mundo do fenômeno religioso que, desde cedo, acompanha a história do ser humano e das sociedades e que, ao que parece e contrariando expressivos diagnósticos, não demonstra fraqueza ou sinais de desaparecimento, resistindo ou se transmutando e adaptando a ambientes societários novos, e permanecendo como um dos principais eixos da vida de indivíduos, e mesmo de sociedades, sem o qual se torna impossível a compreensão do fenômeno humano neste planeta.

*Rodrigo Portella*
Coordenador da Coleção Cultura e Religião

# Sumário

**Introdução**
Da beleza e do sentido do sagrado:
Aproximando-se da religião – 15

**1. Contexto dos estudos da religião – 23**
*(Antonio Magalhães)*
O que é religião? Coexistência entre
história humana e história da religião – 26
Tentativa recente de pensar a vida sem religião e a
pluralidade dos estudos da religião na Modernidade – 29
Significados da religião – 36

**2. O *sagrado* e suas expressões: Aproximações – 49**
*(Rodrigo Portella)*
Origens da religião: retornando a uma
antiga, mas não superada, discussão – 51
Espreitando a *experiência religiosa*:
nascem os deuses – 53
Emergência do sagrado – 55
Sagrado, profano e hierofanias: no rastro
da contribuição de Mircea Eliade – 61
Excurso. Mitos, ritos, religião: por quê? – 73
Voltando para casa: a busca da reconciliação – 75
Salvação e teodicéia – 78

O sacrifício como mediação da vida – 80
"Tu vens, tu vens, eu já escuto os teus sinais...":
mediação e carisma – 82
"Está escrito..." – 87
A busca das origens – 88
Religião e magia: opostos ou intercambiáveis? – 90
Do fenômeno à sua redução: perscrutando
algumas frestas de explicação da religião – 92

## 3. As linguagens da religião: Aproximação de seus sentidos – 105
*(Antonio Magalhães)*

## 4. O monoteísmo como anti-religião – 111
*(Antonio Magalhães)*
Relação entre monoteísmo e violência – 116

## 5. Identidade(s) religiosa(s) no Brasil: Plural ou singular? – 131
*(Rodrigo Portella)*
Refletindo sobre experiências religiosas no Brasil – 132
Composição e pluralidade x ortodoxia e
instituição religiosa: tensão e acomodação – 141

## 6. Religião, secularização e (pós-)modernidade: Sobre sensibilidades religiosas contemporâneas – 149
*(Rodrigo Portella)*
Focalizando um possível conceito de religião
na (pós-)modernidade secularizada – 152

Secularização e vitalidade da religião:
caminhando em meio a paradoxos – 155
Mercado religioso, pluralismo e sociedade –159
Conclusão: as metamorfoses da religião
no lastro das novas sensibilidades religiosas – 163

**Estudos da religião:**
**Para continuar lendo e estudando** – 165
*(Antonio Magalhães)*

**Bibliografia** – 169

# Introdução

## Da beleza e do sentido do sagrado: Aproximando-se da religião

Por que escrever um livro sobre introdução aos estudos da religião? Há no contexto brasileiro um lugar especial para a religião, pois ela faz parte da formação de nossa cultura, da constituição dos valores familiares, dos diferentes jogos da moral, das articulações políticas, dos meios de comunicação etc. A religião não deve ser buscada nos abscônditos da cultura – como se aqui tivéssemos também a experiência de secularização da vida tal qual ocorreu em outros lugares –, mas nos diferentes espaços públicos e privados. Nos templos, nas ruas, nos botecos, nas famílias, nas escolas, nos estádios, nos shows, em todos esses lugares encontramos os rastros da religião. Não há dimensão da vida no Brasil que não esteja de alguma forma sendo tangenciada pela religião. Esta presença densa da religião no contexto brasileiro interessa não somente ao religioso no fortalecimento de sua fé ou no enrijecimento de sua identidade contra outras identidades religiosas próximas, mas ela também deve ser sempre tema daqueles que se preocupam com a construção social, cultural, de nossa realidade. Escrever sobre religião significa, portanto, reiterar nosso compromisso de tentarmos compreender e interpretar esta grande experiência religiosa e cultural que é o nosso país. Assim como a história da humanidade não pode ser lida dissociada da religião, assim também a história do Brasil não pode ser desvinculada dos significados que a religião assumiu e assume em nosso contexto. Para não confundir o leitor neste início de livro, mencionar a relação entre a religião e a história do Brasil não deve ser entendido como proposta de um estudo historiográfico sobre o papel da religião em nosso país. Longe disso. O que se pretende é compreender a religião enquanto fenômeno, enquanto constituição da vida. A referência à história do Brasil indica a relevância do tema, pelo fato de este estar inscrito em nossa realidade de uma forma tal que seria impossível dissociar o desenvolvimento cultural, social e político de nosso país sem levar em consideração o que a religião tem sido em nosso contexto.

Um outro fator importante é algo "intrínseco" ao fascínio que a religião desperta. Seu poder sedutor, sua força para além dos enfraquecimentos institucionais e mais especificamente das instituições religiosas, sua abrangência, seu impacto individual e coletivo, suas polissemias, sua rigidez, mas também sua surpreendente flexibilidade, suas polissêmicas manifestações. Religião é algo que fascina, envolve, seduz, faz matar e faz viver. Está dentro dos códigos vitais, faz parte dos gestos mais profundos de luta pela sobrevivência, é, muitas vezes, o fundamento de desenvolvimentos culturais e civilizatórios mais complexos. A mensagem de que há um sentido radical da vida, o desejo da plenitude associado ao absoluto, os sentidos para além do banal, esta união entre o corriqueiro e aquilo que o transcende, os grandes gestos de compaixão e compromissos profundos, tudo isto faz da religião uma busca e uma experiência insuperáveis.

Além disso, é importante salientar aqui o campo mais estritamente científico, acadêmico, sobre a religião. O interesse pela compreensão da religião aumenta na sociedade brasileira. Não poderia deixar de ser diferente, pois uma das características da realidade brasileira não é somente a de viver e experimentar, mas de pensar, refletir, ler e pesquisar. Se não for pelo aspecto acadêmico, que pressupõe pesquisa, comparação, crítica e aprofundamento, vale a curiosidade, querer saber o que se diz. Não temos subsídios de dizer que a busca pela compreensão da religião cresce na proporção da busca pela própria religião, mas, com certeza, o brasileiro de formação média/universitária busca cada vez mais entender o fenômeno religioso, não somente pelo que a tradição interna de uma religião tem a dizer mas pelo que o estudioso tem a dizer sobre ela. Isto se reflete nas diferentes instituições de ensino que criaram nos últimos anos pós-graduações voltadas exclusivamente para o estudo do fenômeno religioso.

Metodologicamente, o presente livro propõe-se a não ficar tão preso à descrição de escolas, mas apresentar e debater alguns dos temas centrais no estudo da religião. Esta concentração nos temas tem como finalidade principal facilitar o acesso do próprio leitor ao debate acadêmico, em vez de fazê-lo seguir escolas e cronologias no estudo da religião.

Isto não faltará, aqui e acolá, para que não haja confusão histórica sobre o tratamento dado aos temas do estudo da religião, mas assumirá um caráter informativo e secundário. A questão central será sobre conteúdos que foram tratados, suas preocupações e a forma como estes foram trabalhados, descritos, desenvolvidos. A idéia é, portanto, possibilitar ao leitor, num livro realmente introdutório, certificar-se dos temas mais importantes e de alguns intérpretes referenciais.

A estrutura do livro divide-se em seis partes, sendo a primeira a busca por definição da religião, assim como protagonizada em diferentes autores do âmbito da filosofia e da teologia. Discorre-se sobre a relação entre o que a religião é e os significados da experiência religiosa. De forma concentrada, seguem-se os principais conteúdos da conceituação da religião apresentados pelo roteiro dado por Walter Capps, sem, porém, chegar necessariamente aos mesmos resultados nele encontrados. A segunda parte concentra-se em uma apresentação clássica das origens da religião e das características do fenômeno conforme tradicionais abordagens, em muito se baseando na história comparada das religiões e no espírito de Mircea Eliade. É um bloco mais esquemático, mas necessário a uma visão de conjunto sobre o fenômeno religioso, como deve constar em um livro introdutório sobre religião. Embora no lastro da fenomenologia, há também espaço, na segunda parte, para considerações mais sociológicas e psicológicas, particularmente em seu final, quando são consideradas as visões sobre a religião a partir de algumas escolas e alguns autores que visam reduzir a religião a suas teorias explicativas. A terceira parte é destinada ao aprofundamento das linguagens religiosas, já apresentadas na segunda parte, em roteiro semelhante ao de Severino Croatto, mas também com outros conteúdos e abordagens. Dentre outros aspectos, será necessária a reflexão sobre questões de fundo, com especial destaque para os pressupostos epistemológicos do estudo da religião. Um tema que pertence a este debate é o da cisão entre a investigação teológica, que procura compreender e aprofundar os sentidos construídos pela própria religião, e os outros estudos da religião, que pressupõem a relação entre a religião e outras esferas da realidade como forma de estabelecer melhor compreensão da religião.

A quarta parte apresenta um estudo sobre o monoteísmo, e assim é feito em virtude de dois aspectos fundamentais: a) Porque o monoteísmo judaico e cristão, bem como sua história intelectual, foi decisivo para o desenvolvimento dos estudos da religião. Seja contra este monoteísmo, seja para a confirmação de seu *status,* os estudos da religião progrediram a partir de certas bases que a própria história hermenêutica da religião criou e desenvolveu. A história da religião não pode ser dissociada da história hermenêutica da experiência religiosa e, por conseguinte, da história intelectual produzida a partir da religião. O monoteísmo tem uma página especial nesta história, pois ele emerge em parte como crítica à religião, já que se trata de uma "contra-religião", no dizer de Jan Assmann. A história interpretativa da religião, assim como se firmou dentro das academias em diferentes lugares do mundo, é uma história da interpretação que se deu não somente a partir da crítica da Modernidade à religião, mas também a partir da própria religião, com destaque para o judaísmo e o cristianismo. A religião faz parte, dentro do espaço acadêmico-universitário, de mais uma invenção do Ocidente, isto porque muitas culturas e religiões sequer possuem um termo para denominar religião. Esta história intelectual do Ocidente sobre a religião seria impensável sem levar em consideração o papel do monoteísmo, sua tradição interpretativa, sua forma de estabelecer diferenças em relação às outras religiões, seu poder no Ocidente de ser visto como modelo subjacente às muitas críticas nos estudos da religião. b) Alguns dos estudos mais recentes apresentam uma relação quase intrínseca entre monoteísmo, texto e fundamentalismo, assim que se parte da importância de tratar-se do tema dentro de uma introdução ao estudo da religião. Há uma discussão em curso sobre o papel que as grandes religiões monoteístas podem desempenhar nos conflitos civilizatórios mais longos.

A quinta parte, por sua vez, regionaliza a discussão sobre a religião, procurando, sob a inspiração de Pierre Sanchis, entender o *ethos* religioso brasileiro, perguntando-se pela matriz religiosa no Brasil e por sua influência na sedimentação de uma identidade religiosa básica brasileira. A tese de fundo advoga que a alma da religião no Brasil, a perpassar toda a cultura religiosa brasileira e a influir em sua constituição, é a dos empréstimos simbólicos, da livre composição, das "transgressões de fronteiras" – aqui, entre aspas, por ser esta, na maioria das vezes, uma visão somente institucional –, da bricolagem e re-significação da religião do outro para dentro da religião nativa de cada um. Embora seja arriscado generalizar neste aspecto, aqui se assume tal risco. Busca-se, igualmente, tentar entender como esse fenômeno tende a ser natural, através de reflexões sobre a relação entre indivíduos religiosos e instituições religiosas. Por fim, na sexta parte, temos uma discussão mais ampla sobre o processo de secularização da sociedade moderna e mesmo dos influxos da pós-modernidade sobre a religião. É uma visão mais global, que ora pode ser aplicada plenamente ao Brasil, ora apenas parcialmente, já que pós-modernidade e secularização no Brasil apresentam-se sob alguns limites. A pergunta é: Como a religião se metamorfoseia na sociedade global, secularizante e pós-moderna? Quais são seus novos rostos?

É importante deixar claro ao leitor os olhares dos autores. No livro está presente, por um lado, a visão do teólogo envolvido com o estudo da religião. Teólogo aqui não deve ser pensado como o administrador e repetidor acadêmico de dogmas passados, mas como o estudioso que tem pressupostos insuperáveis no estudo da religião: para melhor estudá-la, é fundamental reconhecer dentro dela uma grande capacidade hermenêutica e encontrar nela as melhores informações a respeito daquilo que ela seja; a religião deve ser olhada com cuidado a partir de aspectos internos, e não pode ser mais bem entendida se a ela já atribuímos algo que lhe é estranho, como o mercado, o Estado, a conjuntura social. Todos esses aspectos *devem* entrar na abordagem sobre a religião, mas como elementos secundários, para se chegar ao que lhe é mais profundo. O teólogo procura ver a religião, portanto, a partir de aspectos que lhe são internos. Permita-me uma pergunta incômoda ao leitor: Não são todos os estudos da religião que levam justamente seus aspectos internos e seus significados aos sujeitos, de natureza teológica, ainda que travestidos de outros nomes? Mas também está presente, no livro, a visão do cientista da religião, ou seja, daquele que busca aproximar-se do tema religião a partir de um olhar acadêmico multidisciplinar, recorrendo tanto à fenomenologia como à história comparada das religiões, à sociologia, à antropologia, à psicologia. Um olhar que não visa partir, para o estudo da religião, de uma determinada adesão religiosa ou de uma visão de fé específica, mas que se advoga como independente de compromissos teológicos, apesar do reconhecimento da pertinência da pergunta acima proposta para reflexão. O leitor atento perceberá a presença, nos textos, ora de uma, ora de outra forma de se chegar ao estudo da religião. Sem pretensões de dicotomia, entendemos que tais olhares devem ser complementares. Assim, também marcado pela alternância desses pontos de vista, o leitor encontra, neste livro, por vezes, posicionamentos, perspectivas e argumentações diferentes sobre certos temas, o que, esperamos, vise a enriquecer o debate e evidenciar que podem existir – e podem coexistir em complementação uma a outra (?) – formas diversas de se compreender e explicar um mesmo fenômeno, sem necessariamente monopólios ou grilagens dos conceitos de compreensão ou explicação mais científica ou verdadeira do que outras, conceitos, aliás, muitas vezes carregados de clivagens e interesses ideológicos.

# 1

# Contexto dos estudos da religião

Parto do princípio que nos encontramos em contexto novo no estudo da religião. A modernidade, projeto ainda inacabado, permanecerá sem sua realização plena, se levamos em conta a persistência da religião em muitos contextos, apesar de idéias secularizadas terem-se espalhado, e de o Iluminismo europeu ter sido um marco no pensamento moderno para além do contexto europeu, da urbanização e fragmentação da vida. Em outros contextos, como o europeu, constatamos a reaparição da religião como fator que cada vez mais influencia ou determina a vida dos sujeitos, os desenvolvimentos da complexidade cultural, os conflitos entre povos e sociedades. Se em nosso contexto a religião nunca se tornou algo secundário, impressiona a força da religião em contextos considerados menos religiosos. Talvez o projeto inacabado da modernidade tenha justamente na religião o seu maior embate e derrota. Ao contrário do que foi anunciado, a religião não perdeu a força, a fé cristã não foi banida, a experiência religiosa negou a idéia de que religião é expressão somente da alienação. A idéia de que a modernidade se implantaria à medida que a religião se retirasse de cena não vingou. A modernidade avançou, mas a religião também. A modernidade agoniza, a religião recupera lugares perdidos.

A forma como a modernidade pressupunha o seu estabelecimento, determinando a diacronia entre emoção e razão, intuição e pensamento, superstição e ciência, pensamento simples e pensamento complexo, entre primitivo e moderno, não teve a eficácia e a abrangência previstas. O ser humano não partiu de um pólo a outro, mas soube conviver com esses aspectos não como oposições, mas como princípios que podem coexistir na humanidade.

O processo de expansão capitalista, isto sim uma das expressões da modernidade mais bem-sucedidas, não encontrou seu equivalente no desencantamento do mundo. Desencantar o mundo findou como um projeto fracassado da modernidade. Nem mesmo a idéia de que se a religião não desaparecesse, ela teria de passar por um longo processo de interiorização, ficando restrita ao campo da subjetividade, que se tornou uma forma praticada em tão grande escala nas diferentes culturas sob a égide da expansão da modernidade européia. A religião não sobreviveu somente como tendo no indivíduo o seu reduto de articulação de sobrevivência.[1]

---

[1] O livro, por ser em co-autoria, reflete interpretações por vezes distintas, conforme o olhar de cada autor, sobre essa questão – relações entre modernidade, secularização, instituições religiosas e indivíduo religioso –, como, eventualmente também, sobre outros temas. Assim, os autores oferecem alternativas de visões interpretativas sobre essa e outras questões, enriquecendo o debate e ajudando o leitor a refletir e chegar à sua própria conclusão.

Se instituições religiosas foram abaladas pela modernidade, elas se mostraram poderosas o bastante para sobreviverem muito bem aos legítimos ataques desferidos pelos pensadores da modernidade, assim como ocorreu com a Igreja Católica Apostólica Romana. Se em alguns casos houve perda de adeptos por parte de algumas instituições religiosas mais tradicionais, outras comunidades e instituições surgiram em seus lugares e tornaram-se referências institucionais importantes para as pessoas e as comunidades de fé.

Hoje, percebemos que, apesar de todo o processo de modernização, no sentido de circulação das idéias modernas, apesar das associações da religião a diferentes departamentos e áreas da vida humana, tais como neurose, alienação social, interesse político, repressão sexual, todos, com certeza, portadores de legitimidade, ainda assim a religião não foi expurgada da cultura, das comunidades humanas, da experiência individual. Mas há ainda uma questão de fundo mais epistemológico nesta constatação da falácia da modernidade em tentar expurgar a religião: a idéia de que sua origem e sua constituição devessem ser procuradas fora da religião. Um dos problemas da modernidade não foi a associação da religião a instâncias e fenômenos fora da religião, mas sua redução a esses elementos. Talvez passada esta fase mais crítica da modernidade, possamos chegar à conclusão de que a religião não deveria ser mais estudada como fenômeno explicado a partir de outro, mas como algo *sui generis*, que precisa ser estudado a partir de seus sistemas internos de referência.

## O que é religião? Coexistência entre história humana e história da religião

A religião é coexistente com a própria vida humana, mas seu estudo crítico e sistemático é recente, sendo que seus vários métodos e tradições interpretativas tiveram desenvolvimento especial na modernidade. Isto indica dois aspectos centrais em toda a pesquisa. Por um lado, é importante ver a religião não como aparição exótica de grupos específicos, mas como história humana ou ligada intrinsecamente à trajetória humana. A história da humanidade é história da religião, e a história da religião tem na constituição do humano sua maior expressão. A religião nasce com o ser humano. Se não cremos mais num Deus criador, não deveríamos deixar de crer na religião como criação da humanidade, pois todas as dimensões da vida humana, tal qual como nós a conhecemos hoje, seriam impensáveis sem o alcance e o poder formador da religião. O humano, em sua capacidade cognitiva e simbólica, seria impensável sem a forma como a religião constituiu a própria humanidade. Ser humano é ser religioso em termos históricos. Neste primeiro conceito, a religião emerge, portanto, como a experiência humana mais antiga, confundindo-se com o próprio tornar-se humano. A religião é a experiência fundamental que constitui a rede de significados mais antiga sobre a condição humana. É um conceito ousado. Precisa ser explicado ao leitor, sem recorrer a estudos arqueológicos de cunho mais positivista linear, cujo resultado seria a comprovação incontestável, como se isto fosse possível no campo da ciência. O conceito aqui tratado é de natureza diferente e recorre a estudos mais de natureza antropológica. Para explicar o conceito, é preciso recorrer a uma pergunta. O que qualifica o humano de forma especial? A linguagem, e sua permanente tarefa de interpretar o mundo que o rodeia, seria a resposta com grandes chances de consenso. Os primeiros sinais interpretativos de que temos informação segura, tanto pela arqueologia quanto pela antropologia e historiografia, refletem a simbologia religiosa, o que nos aponta para algo de importância cabal: os primeiros símbolos produzidos pelo ser humano são símbolos religiosos.

Se os símbolos formam a linguagem da religião mais profunda e, ao mesmo tempo, a mais aberta a interpretações, é impressionante que as primeiras articulações humanas acerca de sua condição, cravadas em cavernas, representadas de forma pictórica, narradas em mitos fundacionais, sejam típicas interpretações da religião. O leitor pode pensar que isso é óbvio, visto que aparentemente a condição das primeiras fases da humanidade tenha sido marcada pelo "primitivismo" da condição humana, daí o papel incontornável da religião, pois todo povo "primitivo" era religioso. Situo-me distante dessa interpretação positivista e rejeito, assim como Levi-Strauss, a idéia de primitivo. Trata-se da humanidade em seus primórdios, mas que não deve ser vista simplesmente como alteridade em relação a nós. Não estamos lidando, portanto, com um estado primitivo, com um estado bruto do ser religioso, que seria presumivelmente talhado pela insuficiência mental ou carência hermenêutica. Assim como em grande parte da história, nos primórdios de nossa condição humana, a religião ocupou lugar central, não simplesmente como papel ao lado de outros, mas como uma constituição do próprio humano. Se a humanidade caracteriza-se pela linguagem e constante interpretação do mundo ao seu redor, de construir sentido de vivência e convivência, então os primeiros atos interpretativos da humanidade foram atos religiosos, os primeiros ritos humanos foram ritos religiosos, as primeiras grandes narrativas humanas foram mitos, as primeiras grandes representações foram símbolos.

O primeiro conceito que o leitor tem acerca da religião é, portanto, da incondicionalidade da religião na constituição da própria humanidade. Ser humano é ser religioso, e ser religioso é ser humano. A religião é a constituição primeira da humanidade, e a história desta é uma extensão daquela. É importante que fique claro ao leitor que esta relação intrínseca não se deve a uma visão transcendental do ser humano, a uma abertura que ele teria ao transcendente. O caminho aqui é outro, pois não se trata de projeção a algo adiante do ser humano, mas da constituição fundamental do ser humano enquanto ser da linguagem e do símbolo.

Ao leitor isto poder parecer um exagero, uma exacerbada "religionização" da vida, dos símbolos, dos mitos, dos ritos, das primeiras articulações interpretativas e configuradoras de sentido na vida. Realmente é uma outra forma de pensar. Mas, antes de achar que o autor esteja fazendo o novo encantamento do mundo, é importante refletir bem sobre o conceito e sobre a reação a ele. A idéia defendida é corroborada por diversos estudos arqueológicos, antropológicos e historiográficos. A religião é a constituição humana mais antiga, em termos de símbolo, interpretação e atribuição de sentido à vida. Daí que é impossível traçar um quadro interpretativo sobre a trajetória humana sem levar em consideração o alcance da religião.

## Tentativa recente de pensar a vida sem religião e a pluralidade dos estudos da religião na Modernidade

Não há história humana de tempos mais remotos até tempos mais recentes sem que as páginas da religião escrevessem suas histórias. Somente na modernidade houve a tentativa insistente de pensar a vida e seu sentido sem deuses e sem religião. A modernidade representa um abalo ao poderio da religião. Um momento ímpar de imaginar a vida a partir de outros critérios e perspectivas. Somente nos últimos 300 anos da vasta história humana é que parte da humanidade, a européia, tentou ver-se e interpretar sem se reportar à tradição religiosa ou a idéias religiosas. Esta experiência, nunca dantes vista e experimentada, tornou-se, no contexto europeu, não somente algo de setores da sociedade, tais como a política de Estado, círculos universitários e artísticos, mas também criou raízes na vida cultural mais ampla, chegando a redutos da individualidade, do estilo de vida, da visão familiar e do chamado senso comum. Enquanto no Brasil as idéias iluministas ficaram em âmbitos restritos da sociedade, tais como os mencionados, mas nunca entraram na vida cultural mais ampla, nunca alcançaram os rincões de nossa formação cultural, na Europa a perspectiva de ver o mundo e de atribuir sentido a ele sem a religião passou a ser uma regra e não a exceção.

Precisamos considerar os dois tipos de modernidade que abalam o poderio da religião. Primeiramente a modernidade religiosa, que se alimenta da própria religião para estabelecer a crítica à estrutura religiosa. Temos esta modernidade parcialmente anunciada já na Alta Idade Média, nos movimentos de pobreza. Sua grande emergência histórica é, indubitavelmente, a Reforma Protestante, com seus diferentes matizes e grupos. A crítica à Igreja e aos seus impostos, o vínculo entre estrutura religiosa e exploração humana, a centralidade no indivíduo na liberdade de interpretação do texto, a (re)descoberta da consciência individual, a "babilonização" das estruturas religiosas, a crítica às autoridades constituídas, tudo isto forma as belas e complexas páginas da modernidade religiosa. Aqui ainda não está dito que a humanidade não precisa de Deus, tão-somente que a humanidade deve libertar-se das opressões produzidas pela instituição religiosa. Mas é um passo inquestionável na liberdade, na emancipação, na emergência da modernidade como projeto humano inacabado. É importante frisar esse aspecto da modernidade, porque rapidamente vamos às grandes oposições, como religião e ciência, religião e modernidade, como se esta também não tivesse bebido na fonte daquela, como se boa parte do conhecimento científico não tivesse surgido nos escombros da teologia e da religião.

A segunda modernidade é a atéia enquanto metodologia, projeto e ambição. É a decisiva atitude de pensar a vida sem se reportar não somente à instituição religiosa, mas também à própria religião e a Deus. Qualquer idéia de divindade entra como obstáculo ao fazer-se humano. Enquanto que, para o salmista dos textos bíblicos, somente o néscio pode dizer em seu coração que não há Deus, para a modernidade atéia a religião se tornou o ajuntamento dos néscios, a comunhão dos neuróticos, a assembléia dos infantilizados, a festa do ópio. Importa libertar o ser humano de todas as amarras, de todos os ídolos e domínios. A religião era o principal alvo desta crítica. Boa parte da história recente, iluminista-científica, da religião é, por um lado, o prolongamento da história interpretativa ocidental da religião, baseada na crítica e autocrítica existente nas tradições judaicas e cristãs; por outro, reflexo da tentativa de parte da humanidade atribuir sentido à vida, aos fundamentos de sua coesão social, sem recorrer à religião como experiência insuperável e incontornável. Ao mesmo tempo que se alimenta da tradição crítica no judaísmo e no cristianismo acerca da religião, a modernidade atéia subleva-se, paulatinamente, contra ambos. A modernidade atéia cresce entre as paredes destruídas da religião, mas, de certa forma, nela, na religião, a modernidade encontra sua primeira casa.

O desenvolvimento dos estudos sobre o significado da religião se confunde, portanto, por um lado, com a história da religião judaica e cristã, por outro, com o desenvolvimento, na modernidade, das disciplinas das humanidades e das ciências sociais que vêem na religião ou algo a ser superado ou uma experiência que pode ser buscada na fase infantil da humanidade. A religião estaria, portanto, no máximo com o status assegurado de arqueologia de idéias que se tornaram independentes, tornadas radicalmente humanas sem recorrer à força ou à existência dos deuses. É uma história recente, com cerca de 300 anos. Uma tentativa raramente bem-sucedida. É possível substituir a religião por outra experiência? Há algo que possa ocupar o lugar da religião? A modernidade atéia não tem dado provas contundentes disso. As ideologias não ocuparam o lugar da religião, aliás, só assumiram força porque eram travestidas de ímpetos e exigências próprios da religião.

Esta busca crítica da modernidade pela religião, em grande parte com o objetivo de apontá-la como impedimento à vida, como obstáculo ao desenvolvimento e à emancipação humana, ou como parte da fase infantil da humanidade, conheceu várias escolas e pensadores. Encontramo-nos dentro de campos polifônicos da pesquisa e de suas motivações. Há, portanto, uma variedade de perspectivas que devem ser entendidas a partir da riqueza e polifonia metodológica existentes na modernidade. Os enfoques abrangem os mais diversos matizes, e seu desenvolvimento epistemológico e metodológico é fruto parcial do estudo da religião. De certa forma, as ciências sociais cresceram à medida que desenvolveram estudos sobre a religião. Paremos para pensar em algumas evidências, como os estudos de Émile Durkheim, Max Weber, Marcel Mauss, Pierre Bourdieu, Peter Berger, e não teremos dificuldades de reconhecer que o desenvolvimento da sociologia na modernidade deveu-se em boa medida aos estudos dedicados ao tema da religião. Se sairmos das ciências sociais e passarmos ao campo mais abrangente das ciências do espírito ou ciências humanas, também reconheceremos que o tema da religião foi um incômodo constante. Não é exagerado, portanto, dizer que o aprofundamento das ciências sociais é fruto, em grande parte, dos trabalhos dedicados à religião ou ao papel da religião na sociedade. Isto não é por acaso, dentre outras coisas, porque a religião teve um domínio tão grande na cultura, na família, no desenvolvimento civilizatório complexo, que seria praticamente impossível um avanço epistemológico sem a inclusão do tema da religião. "Este progresso intelectual entre ambos pode ser traçado como uma contínua narrativa."[2] A religião incide, portanto, sobre a pesquisa a seu respeito, e esta pode acabar por iluminar o curso daquela.

Neste itinerário de desenvolvimento metodológico e teórico, não nos podemos desviar dos interesses e motivações por ocasião das formulações, daí que sempre será necessária a volta aos temas mais relevantes na religião e às principais contribuições na busca de sua interpretação acompanhada da pergunta por seus pressupostos. A relação entre ambas é intrínseca, até porque os estudos foram desenvolvidos a partir das questões colocadas ao estudo da religião, questões que foram repetidas em todo o desenvolvimento das ciências sociais e humanas. Para isto, é importante respeitar a tradição interpretativa dentro da disciplina específica, mas é imprescindível, ao mesmo

---

[2] Capps, Walter. *Religious Studies. The Making of a Discipline*, p. XII.

tempo, colocá-la dentro do arcabouço maior do espírito da época, dos grandes referenciais de pesquisa, dos pressupostos abrangentes dentro das ciências. Nos primórdios dos grandes teóricos do estudo da religião constatamos, por exemplo, uma grande abrangência de disciplinas e uma significativa prática transdisciplinar. Isto teve conseqüências muito claras para a conceituação da religião. Neste sentido, é importante reconhecer a existência de uma tradição de segunda ordem nos estudos da religião, pela relação que esses estudos têm com a história das disciplinas. "A complexidade e a variedade do objeto de campo são influenciadas pela multiplicidade dos interesses e das intenções metodológicas que foram apropriadas na investigação. Alguns métodos de investigação, por exemplo, são equipados primariamente para descrever o fenômeno. Outros reivindicam a capacidade de transcender a 'mera descrição', e se engajam na comparação e no contraste das religiões. Outros métodos têm a função não somente de descrever, comparar, estabelecer contrastes, mas também de sistematizar e sintetizar. Isto é, eles são designados a identificar ou construir sistemas integrados de pensamento, ou de estabelecer a possibilidade de estímulo à coerência intelectual."[3] A história das disciplinas não pode ser dissociada do grande espírito da época marcado pela tentativa de entender a religião, destituindo-a do seu poder de jugo sobre a pesquisa e a realidade social. Estuda-se a religião com o

---

[3] CAPPS, Walter. *Religious Studies. The Making of a Discipline*, p. XVI.

afã de compreender seus aspectos mais importantes, mas também com o claro interesse de estabelecer seus limites.

As diferentes perguntas sobre religião refletem as diferentes disciplinas, mas também a idéia de que ela pode fazer parte das experiências a serem vencidas, superadas e melhoradas. Quais foram as perguntas mais importantes feitas em seu estudo? Segundo Walter Capps,[4] para a melhor compreensão dos estudos da religião, é importante constatar as perguntas fundamentais feitas ao objeto. As questões incluem: O que é isto? Como ela surgiu (ou qual é o seu fundamento)? Como pode ser descrita? Qual é a sua função ou propósito? Que importância ela tem? O trabalho consistiria em isolar as questões básicas que têm sido feitas sobre a religião e em identificar os caminhos nos quais essas questões – junto com as respostas que elas evocaram – foram construídas dentro do campo dos estudos da religião. A capacidade de discernir as linhas da investigação intelectual em que o objeto de campo foi composto torna-se tarefa primordial. Como conseqüência, Capps apresenta o seu livro em quatro partes: 1) O que é religião? 2) Como surgiu a religião? 3) Como a religião pode ser descrita? 4) Qual é a função ou propósito da religião? Estas questões foram respondidas de diferentes formas. O roteiro de Capps é bom; o livro se restringe por demais, porém, às diferentes formas de conceituação de um modelo – segundo ele –, implantado por Descartes, de trabalho, com um

---

[4] CAPPS, Walter. *Religious Studies. The Making of a Discipline*, p. XVII.

conceito reducionista de religião e a partir daí apresenta os desdobramentos possíveis desse conceito. Capps deixa de lado a história interpretativa que a própria religião desencadeou, bem como o papel que a religião teve para a história humana enquanto constituição de sentido, além de não levar em consideração o papel que o judaísmo e o cristianismo tiveram como modelos de religião na abordagem das outras.

## Significados da religião

De certa forma, o conceito reducionista tem sua legitimidade, porque o procedimento adotado por intelectuais nos séculos XVIII, XIX e em parte do século XX foi o de estabelecer um princípio primeiro para a questão da religião, seguindo a proposição universal de Kant, tendo o imperativo moral como fundamento. Friedrich Schleiermacher defendia, por sua vez, o sentimento de absoluta dependência; Rudolf Otto via no *numinoso* o princípio primeiro, sem o qual o fenômeno não poderia ser nomeado de religioso.

Em adição à natureza da religião, a questão acerca de sua origem prevaleceu na pesquisa acadêmica. O que no primeiro modelo era a *sine qua non*, torna-se o *primordium*. Alguns responderam a isso com a idéia de tentativa de compreensão do mistério, outros pela busca da imortalidade, e assim sucessivamente. Uma outra abordagem segue a tentativa de descrever o fenômeno em vez de encontrar um elemento central para, a partir daí, estabelecer a compreensão. A fenomenologia empreendeu este esforço de tentar apresentar a forma como a religião se articula na existência humana. Daí para a pergunta pela função da religião foi um passo muito pequeno. Do conceito para a origem, da origem para a descrição do fenômeno, e desta para a análise da função na sociedade. O roteiro de Capps é este e nos ajuda a perceber o desenvolvimento interno do estudo da religião. Ele deixa de lado, porém, aspectos fundamentais e centra seus estudos nos procedimentos metodológicos. É importante se perguntar não somente pelo desenvolvimento dos estágios do estudo da religião, mas também estabelecer a pergunta pela constituição da religião na atribuição de sentido, no campo experiencial, na sua força cultural, civilizatória e hermenêutica.

Concordo, porém, com Capps sobre a tendência a certo método analítico redutivo, estabelecido por Descartes (1596-1650), na busca de melhor identificação do que é a religião. É preciso fazer uma permanente triagem por meio da dúvida e da negação, até chegar ao princípio que resiste à dúvida, de certa forma uma "essência" de irredutibilidade. Ao contrário dos grandes filósofos que o antecederam, Descartes não trabalhava filosoficamente com a idéia de um sistema organizado, de tentativa de validação de uma verdade, mas, antes, de um método de análise dos processos do conhecimento. Trabalha, para isso, com a idéia de *reductio* e com os devidos desdobramentos *(enumeratio)*. A contribuição especial de Descartes ao estudo da religião não é o seu conceito de religião, mas seu plano de trabalho filosófico, algo que marcará as diferentes conceituações do que a religião é. Dando prosseguimento ao seu trabalho, Immanuel Kant

(1724-1804) deu contribuição especial ao estudo, sendo seu propósito a clara distinção entre religião revelada e religião natural. Óbvio que há pensadores neste período de grande importância, até mesmo antes de Descartes, como Jean Bodin (1530-1596), Baruch Spinoza (1632-1677) e outros contemporâneos de Kant, como David Hume (1711-1776). Foquemos, porém, no trabalho de Kant. O seu trabalho sobre a religião adveio da distinção entre religião natural e religião revelada. Religião natural, para ele, referia-se às sensibilidades religiosas comuns que qualquer pessoa, simplesmente qualquer pessoa (quer dizer, sem nenhuma influência religiosa), poderia reivindicar. Religião revelada era a religião da igreja, a religião da instituição, da autoridade, com doutrinas, dogmas, credos, liturgias, teologias, rituais prescritos, tradições e suspeita perene dos outros. Ao contrário da revelada – ou religião "recebida" –, a religião natural foi entendida como acessível e avaliável por todos. Ela pode ser verificada empiricamente e não requer aprovação ou sanção de autoridades eclesiásticas.

A questão a ser resolvida era se a religião residia no pensamento ou na idéia, na moral – ou consideração ética – ou na estética. De qualquer forma sendo esta ou aquela a opção, a religião passava a ser considerada algo profundamente humano. Entre o verdadeiro, o bom e o belo, Kant faz a escolha pelo segundo. Schleiermacher faz opção pelo terceiro. Esses autores e pensadores, apesar de serem críticos em relação à religião revelada e institucional, foram cristãos e defenderam que o cristianismo era o que melhor articulava a religião natural.

Friedrich Schleiermacher (1768-1834) seguiu o mesmo modelo sustentado por Kant; defendeu, porém, uma outra possibilidade de identificar a religião, colocando-a no plano estético, tirando-a do ético como o elemento redutivo a partir do qual deveria ser feito o desdobramento. Assim como Kant, ele também defendeu uma superioridade da religião cristã, porque melhor articulava o que era a religião natural, o sentimento de dependência absoluta, o poder de contemplação dependente do ser humano.

Um outro nome, com grande impacto sobre outros teóricos, foi indubitavelmente Rudolf Otto (1869-1937). Seguindo a proposta de Kant e Schleiermacher, Otto trabalha com a idéia do *sine qua non* e com a metodologia que vai do *reductio* ao *enumeratio*. Seu clássico *Das Heilige* (1917) marcou o estudo da religião em vários trabalhos posteriores ao seu. Dando prosseguimento ao trabalho de Kant, reconhece a tentativa de o ser humano moderno colocar a religião dentro dos limites da razão; aceitando, porém, a contribuição de Schleiermacher, ele supera a idéia da religião dentro desses limites. A religião deve ser entendida, portanto, a partir dos elementos irracionais. Otto criticava o cristianismo ortodoxo com seu ímpeto de estabelecer a religião dentro dos limites da fé correta, do dogma. Com isso, a instituição religiosa cristã desvirtuava o próprio sentido do cristianismo. O sagrado, na verdade o Santo, é o centro da religião para Otto. Apesar de ele colocar o centro da religião na dimensão estética, assim como Schleiermacher, recusava-se a entender isso como algo restritivo; antes propunha um quarto elemento ao lado do verdadeiro, do ético, do belo, o sagrado, ou o *nu-*

*minoso* como uma força trans-humana que evoca fascínio e temor. Esta experiência, segundo Otto, significava uma adição poderosa ao pensamento, significava uma verdadeira alteração no estado de consciência. Um dos motivos para a rejeição à tese de Schleiermacher era de que o sentimento de dependência era conseqüência da condição religiosa e não a condição em si da religião. Nisto ele via uma confusão por parte de Schleiermacher. Além disso, para Otto, Schleiermacher, ao colocar o sentimento de dependência como o centro da religião, restringia esta ao campo subjetivo e emotivo.

Otto, ao apresentar o conceito do *numinoso*, propunha-se a estabelecer a correspondência entre a dimensão subjetiva da religião e a realidade divina. *Mysterium Tremendum* foi outra palavra usada para descrever o fenômeno. Podemos constatar nesta perspectiva influências importantes no pensamento de Otto, por exemplo, das distinções que Martin Lutero fizera entre a ira e o amor de Deus, enquanto características contíguas, advindas da natureza de Deus. Otto também encontrou paralelos na distinção de Friedrich Nietzsche entre o temperamento dionisíaco e o apolíneo. Mas ele foi bem além disso. Na recapitulação da história da condição religiosa humana, ele constatava este contraste inerente no *mysterium tremendum et fascinans* sempre presente. Otto, seguindo um modelo em voga em seu tempo, defendia que a magia cultivava a face negativa da experiência do *numinoso*, enquanto a religião desenvolvia a positiva. Nesta jornada da religião, o cristianismo emergia como a experiência superior, porque melhor unia os elementos racionais aos não racionais da religião.

Depois de Otto, o desenvolvimento dos trabalhos sobre a essência da religião não é algo simples de ser traçado, mas o trabalho sistemático de Anders Nygren (1890-1979), teólogo e bispo sueco, merece menção. Pouco tempo após a publicação do livro de Otto, Nygren publicou o seu *Religiöst Apriori*, em 1921. Nygren dá prosseguimento ao trabalho de Kant e Schleiermacher, ao colocar a religião em fundamentos naturais e não revelatórios, e defende o pressuposto de Otto, ao colocar a religião como algo *sui generis*. A religião pode ser relacionada à filosofia, à ética, à estética, mas também pode ser entendida como independente delas. Para Nygren, o *eterno* é a categoria fundacional da religião. O bom, o belo, o verdadeiro assumem um sentido mais profundo quando relacionados ao eterno. Toda busca da religião é dar forma ao eterno. Para Nygren, o cristianismo apresenta uma evolução superior ao determinar que isso se concentra na experiência do amor. O desenvolvimento posterior de seu trabalho assumiu uma face concentradamente teológica, e seu livro *Ágape and Eros* tornou-se uma comparação entre grandes tradições: o platonismo *(Eros)*, o judaísmo *(nomos)* e o cristianismo *(ágape)*.

Outro exemplo desta influência, agora tríade, Kant-Schleiermacher-Otto, foi Erwin R. Goodenough (1893-1965), que defendia a busca universal pela segurança como o elemento religioso comum a toda história. A religião constitui uma série de mecanismos para lidar com essa questão universal do ser humano, defendida por Goodenough a partir de categorias genéticas, psicológicas e sociais.

Entre os teólogos, vale a menção dos nomes de Paul Tillich (1886-1965) e Karl Barth (1886-1968). Ambos receberam a influência de Rudolf Otto. Tillich aprofundou a tese do sagrado de Otto e trabalhou a "dimensão profunda da religião", que se encontra em toda atividade cultural. Para Barth, o que importa é a religião revelada, manifestada na Palavra de Deus. Tillich pretendia claramente manter a relação entre religião revelada e religião natural em profundo diálogo, mas pressupunha a experiência religiosa como uma experiência compreensível dentro da atividade cultural, como fundamento da própria cultura. Para ele, religião não era algo restrito ao ser religioso e da instituição religiosa, mas uma dimensão profunda de todas as dimensões da vida humana. Ele rejeita, portanto, a idéia de religião como esfera exótica ou departamentalizada da vida. A divindade está num campo da profundidade do ser, presente em todas as coisas, e se manifesta em todas elas. Os nomes dos deuses particulares sempre revelam o ser divino como fundamento de todas as coisas. Religião está presente, institucionalmente, nas tradições guardiãs, mas antes disso como fundamento de todas as atividades da vida humana.

Em todas as abordagens apresentadas na relação com o verdadeiro, o bom e o belo, um aspecto central é o da tentativa de estabelecer a compreensão do ser humano e da forma como ele se relaciona com seus deuses. Uma outra tônica importante é que, em todos os estudiosos da religião, há uma forte tendência de distinção do cristianismo como a religião que melhores condições apresenta para a defesa do modelo apresentado. Não importa se o caminho foi o do verdadeiro, do bom ou do belo, o cristianismo sempre emergiu nesses autores como a melhor protagonização e realização da religião. De certa forma, independentemente da escolha por um dos campos, religião é forma central de compreensão e ser no mundo. É constituição humana fundamental. Não é somente um departamento da vida e da sociedade, é algo que forma e constitui.

A busca pelo conceito aponta para algo que é primordial no estudo da religião. É preciso entendê-la cada vez mais a partir de dentro, daquilo que ela é, dos fenômenos que ela produz. Superar a visão de que a religião não tem nada a dizer sobre ela mesma de forma consistente e competente. É preciso redescobri-la em meio aos escombros da severidade moderna anti-religiosa, que pressupunha seu fim, seu ocaso ou seu papel alienante como algo incontornável. A religião está, segundo os autores mencionados, nos códigos fundamentais do ético, do belo, do sentimento, do conhecimento, como base do sentido irredutível da vida humana. Talvez este tenha sido um dos grandes equívocos da modernidade. Tentar tirar da religião o papel que só a ela pertence. Ela apresenta de forma própria e insuperável a ponte entre o conhecido e o desconhecido, entre o conhecimento razoável e racional e o aspecto emotivo e sentimental, entre o corriqueiro e o eterno, entre o sentido último e sua realização na história, entre a busca pela objetividade e a preservação do conhecimento lusco-fusco da vida, entre a lei e o mistério. Muito mais do que o triunfalismo da vitória da religião sobre a modernidade, o que conta é a criatividade para nos aproximarmos da religião a partir de olhares investigativos mais cuidadosos, mais argutos, reconhecendo a dimensão que a religião assume na constituição da vida humana, da cultura, e nos diferentes campos dos interesses e conflitos sociais.

Como entender a religião? Um dos caminhos possíveis é a compreensão da experiência religiosa e das linguagens fundamentais da religião, o símbolo, o mito, o rito e a doutrina. As informações mais convincentes do que a religião é justamente nos são dadas pelo campo da experiência religiosa, portanto aquilo que a religião produz como fenômeno, e as linguagens religiosas, como forma de expressão da religião em sua organização e constituição de sentido da vida. Precisamos descartar nesta busca de compreensão da experiência religiosa a idéia, ainda muito disseminada, que a experiência estaria sempre em contraposição à tradição. Não é bem o caso. Experiência tem de ser vista sempre em relação, ainda que tensa, com a tradição que lhe dá certos marcos referenciais. Um budista não terá a visão da Virgem Maria, e um cristão não nomeará sua experiência com Deus a partir da idéia do Nirvana. Experiências são, de certa forma, reverberações das estruturas orientadoras e das linguagens da religião. Sem esses marcos referenciais, a experiência ficaria no vazio hermenêutico. Há, porém, o perigo de outra confusão sobre a relação entre experiência e tradição. É possível que as pessoas entendam experiência somente como mera extensão e desdobramento da normatividade da religião. Neste caso, a experiência seria a confirmação subjetiva do que a tradição já diz no nível do discurso objetivo. É importante superar estas visões opostas como interpretações absolutas e agregar a essas possibilidades a idéia de que a experiência se dá como união de diferentes aspectos.

Deve-se reconhecer que a pergunta sobre o que é a religião aponta para um aspecto fundamental da pesquisa ocidental sobre o tema. Algo que assumirá o *status* de padrão hermenêutico. Perguntar pela constituição – para não usar a palavra essência – da religião significa que há uma diferença entre religião e cultura, religião e realidade social, e que as coisas não podem ser vistas como equivalentes. "Nas culturas em que a religião é parte integral da vida da comunidade e do indivíduo dentro desta, assim como acontece em culturas orientais e asiáticas, bem como em sociedades tribais, esta pergunta não é feita."[5] É preciso, portanto, reconhecer um grande peso da ocidentalização dos vários conceitos que temos no amplo debate das ciências e dos estudos da religião. Mais ainda, alguns desses conceitos foram construídos na modernidade, marcada pela perspectiva do fim da religião. Para melhor entender os conceitos, não podemos esquecer de seus quadros ideológicos e de suas inserções culturais. Daí relacionar, neste capítulo, religião com experiência religiosa, com o intuito de não apresentar os conceitos com características externas à própria religião. É preciso, portanto, falar da religião a partir da experiência religiosa. A religião nasce na própria experiência religiosa.

Seguindo o texto *"Experiência Religiosa"* de Juan Martín Velasco, em *Conceptos fundamentales del cristianismo*,

---

[5] SUNDERMEIER, Theo. *Was ist Religion? Religionswissenschaft im theologischen Kontext. Ein Studienbuch*, p. 11.

pressuponho o tema da experiência religiosa como uma das mais importantes bases para a compreensão da religião, ao lado da autoridade e da tradição, reconhecendo com Kitagawa que na atualidade o centro gravitacional na religião foi retirado da autoridade e da tradição e passou à experiência. Lembrando a interpretação de Robert Shaf, que vê a experiência mística como moldada inteiramente pelo ambiente cultural do místico, sua história pessoal, seus compromissos doutrinários, seu treinamento religioso, suas expectativas, aspirações e assim por diante.

Fazer da experiência religiosa o núcleo central na pesquisa da religião significa não somente o reordenamento de temas clássicos mas também a moratória a temas que preferencialmente foram de domínio de discursos normativos estranhos à religião. Temas clássicos da teologia, como revelação e tradição eclesiástica e pressuposições equivocadas sobre a identidade dos grupos, precisariam ser revistos e, eventualmente, abandonados provisoriamente. A experiência religiosa não deve ser entendida somente em termos de uma relação personalizada, pessoa com Deus, algo típico da visão tradicional sobre a experiência de Deus no Ocidente. Muitas vezes a experiência religiosa se dá entre pessoa e objeto (óleo santo, rosa, água benta ou abençoada, sacristia etc.). Desvincular a experiência religiosa em nosso contexto de uma dimensão personalizada pode abrir perspectivas no estudo do tema, ainda muito marcado pela herança cristã ocidental de relação com um Deus pessoal. Para além do nosso contexto, o tema da experiência religiosa deverá ser desvinculado desta categoria personalizada.

Mais especificamente é importante um estudo das mediações concretas da experiência, pois sua privacidade é algo que obstaculiza a pesquisa. Isto porque, segundo Shaf, os estudiosos não lidam com experiências esperando interpretações, mas com textos, narrativas, performances e assim por diante. As experiências só podem ser inteligíveis, portanto, por meio das mediações.

Com isso, afirma-se que a experiência religiosa tem os seguintes aspectos: a) possui poder organizacional na vida das pessoas; b) é pragmática e c) possui uma considerável autonomia em relação a outras mediações da religião (sistema interpretativo, celebração ritual, catequese).

A experiência religiosa encontrará representações já construídas na história de sua tradição, às quais ela recorrerá, ou criará as suas próprias representações. Estas não deveriam ser separadas da memória e da narrativa religiosa do sujeito que articula a experiência vivida. As representações podem ser entendidas, portanto, como expressões fundamentais da experiência religiosa. Elas conhecem desde os aspectos iconográficos até orações feitas no silêncio, sem que dimensões imagéticas tenham um papel importante.

Mesmo constatando que experiência, narrativa e memória não devem ser confundidas, elas estão intimamente entrelaçadas e formam o fundamento de compreensão mais consistente dos conteúdos concretos da religião vivida. Com outras palavras, os estudos da religião só dialogarão criativamente com os cristianismos existentes no nosso continente se assumirem o diálogo com esta tríade da religião no nosso contexto.

# 2

# O sagrado e suas expressões: Aproximações

O objetivo deste bloco é apresentar, de forma bastante geral e esquemática, sem necessariamente uma análise mais específica sobre cada tema, algumas características básicas das percepções sobre o sagrado e das relações com ele, em diferentes lugares e épocas, identificadas pela fenomenologia e história comparada das religiões.[6] Aqui quero trabalhar com o conceito de *equivalência simbólica aproximada*. Esta idéia expressa o pressuposto de que as atitudes e experiências religiosas, constadas nas várias religiões e manifestações religiosas, têm semelhan-

---

[6] Nos temas apresentados nesta parte do livro sigo, em boa medida, o desenvolvimento das reflexões e explanações contido nas seguintes obras: MACEDO, Carmen Cinira. *Imagem do eterno*: religiões no Brasil. São Paulo: Moderna, 1989; PIAZZA, Waldomiro. *Religiões da Humanidade*. São Paulo: Loyola, 1991; WILGES, Irineu. *Cultura Religiosa*. V. 1 e 2. Petrópolis: Vozes, 1982, e, principalmente, Piazza, Waldomiro. *Introdução à Fenomenologia Religiosa*. Petrópolis: Vozes, 1983, e JORGE, Simões. *Cultura Religiosa*: o homem e o fenômeno religioso. São Paulo: Loyola, 1994.

ças e equivalências, pois todas são frutos das experiências do sagrado vividas pela mesma raça humana – ainda que em lugares, contextos e épocas diferentes, a modelar culturalmente a experiência religiosa.

Assim, a partir dessa linha de análise, a experiência do sagrado ganha muitas formas, mas quase todas teriam seus equivalentes em religiões distintas. Isto, porém, não significa que todas as religiões sejam iguais, mas que existem idéias, formas, rituais, sentimentos e maneiras de lidar com o sagrado que têm certa equivalência ou proximidade entre as diversas religiões, revelando, segundo o meu ponto de vista, que o ser humano, em suas expressões de sentimentos religiosos, é o mesmo, ainda que a distância no tempo e a geografia venham a separar os seres humanos e a construir formas específicas de externalizar e construir, culturalmente, a dimensão do religioso.

Partindo da argumentação acima, também afirmo que a experiência religiosa seria irredutível a conceituações racionais ou funcionais, embora elas tenham sua *legitimidade e validade* na análise do religioso. A experiência religiosa seria intransferível e só seria possível de ser "comunicada" em forma metafórica ou simbólica. Aqui, contudo, não teremos separação rígida entre as escolas fenomenológica, interpretativista e funcionalista. Ao contrário, lanço mão de várias formas possíveis de se achegar à compreensão ou à explicação da religião. Contudo, o leitor atento poderá perceber certa inclinação a uma base mais tradicionalmente fenomenológica neste estudo. Lembrando, ainda, que tal estudo quer ser introdutório, e também não discuto, na maior parte das vezes, teorias – no sentido de problematizá-las –, atendo-me mais à apresentação de resultados clássicos de alguns estudos sobre religião. Colocado esse pressuposto à análise, quero apresentar algumas pistas para o entendimento de "como" a experiência religiosa brota, constitui-se e estrutura-se.

## Origens da religião: retornando a uma antiga, mas não superada, discussão

Muitos estudiosos consideram que a discussão sobre a origem da religião é questão superada ou, ao menos, não mais tão essencial nos modernos estudos sobre religiões. Alguns observam nessa discussão uma atitude positivista ou evolucionista, característica do século XIX e dos primeiros estudos acadêmicos não-teológicos sobre religião. E, realmente, os estudos sobre "origens" da religião foram regidos, no século XIX, pelo espírito evolucionista da época. Aqui, de forma alguma intento marcar linhas divisórias ou evolutivas entre religião arcaica e uma religião supostamente superior ou entre experiências "infantilizadas", "primitivas" ou "atrasadas" do sagrado e experiências refinadas ou mais "legítimas". Ao contrário, defendo a idéia de que toda experiência do sagrado é legítima, não por estar em acordo com alguma verdade universal objetiva referente a esta ou aquela religião. Abstenho-me de juízos sobre verdades doutrinárias. A legitimidade que creio ter toda e qualquer experiência religiosa baseia-se não em pressupostos de fé, mas sim na concepção de que toda experiência humana – referida ou não a um ser ou objeto sagrado – é uma *experiência*, ou seja, é algo sentido, vivido, e, portanto, é algo real no sentido subjetivo. Assim, quero também absolver o termo *subjetivo* de suas conotações pejorativas, como as que podem classificar a subjetividade como possível fonte de ilusões, também no sentido negativo deste último termo. Sentimentos e experiências subjetivas são aqui considerados como algo legítimo e real, não necessariamente no sentido de objetividade e conformidade com algo exterior, conforme o tradicional conceito de verdade e realidade forjado no Ocidente, mas como uma experiência humana que foi vivida e, por ter sido vivida, sentida e pensada ou sistematizada, uma experiência que tem valor real.

Assim, quando falo de origens da religião, falo não só em tempo cronológico ancestral – embora use o termo "ancestral" no sentido de apontar para a antigüidade e para o caráter basilar de certas experiências e idéias religiosas – mas também, pegando emprestada a terminologia da psicologia analítica, falo de "tempo *arquetípico*", presente universal e atemporalmente na experiência religiosa humana. Esta é uma das opções possíveis para abordar o fenômeno religioso. Assim, parto do princípio de que experiências religiosas "remotas" e originárias estão também hoje presentes – dado que o ser humano é o mesmo –, ainda que traduzidas de formas diferentes – dado que o ser humano também não é sempre o mesmo em suas configurações históricas e culturais. Embora queira fugir o quanto possível da terminologia "essência" e das conseqüências de seu uso, quero, ao mesmo tempo, manifestar a suspeita de que a experiência religiosa é – ou tem sido

– uma "parte" inalienável, intrínseca, da vida humana até o momento. Neste sentido é que quero aproximar-me – sem a ingenuidade de querer inventar a roda ou descobrir o fogo – de algumas experiências religiosas que considero como fundantes da história religiosa da humanidade, e fundantes não porque necessária e cronologicamente antigas, mas porque constituintes de experiências quase sempre universais e mesmo atemporais da vivência religiosa e da percepção de um universo sagrado.

## Espreitando a *experiência religiosa*: nascem os deuses

Experiências religiosas podem ser do tipo físicas, advindas de experiências restaurativas de saúde e vida, como por curas, ou através de êxtases e experimentações de contatos místicos ou transcendentais, perfazendo uma experiência mais psicofísica. Também podem ser experiências especificamente psíquicas, como as de ter a sensação de paz, proteção, pendor altruístico. Experiências religiosas podem, ainda, dar-se por forma sapiencial ou gnóstica, pela assimilação ou aquisição de sabedoria, iluminação ou participação em segredos sagrados. Ainda podem caracterizar-se como socioculturais, ou seja, baseadas na ordem social que se funda em leis, em tradições familiares, étnicas ou nacionais, em participação em rituais e, ainda, em experiências individuais ou coletivas de libertação ou transformação de situações históricas, como no caso do êxodo hebreu do Egito, que se tornou elemento constitutivo de elaboração e desenvolvimento da posterior religião judaica.

Geralmente, as experiências religiosas apontam para um transcendente, para uma esfera fora do cotidiano e do humano, que costuma ser identificado com seres supra-humanos, da ordem do sagrado, existentes para além do mundo humano profano. Assim, das experiências religiosas costumam surgir concepções variadas de deus(es). Nem todas as religiões têm concepções formais sobre divindade(s). Alguns estudiosos apontam o budismo, por exemplo, como uma religião ateísta ou agnóstica, embora no desenvolvimento dos budismos e em seus sincretismos – e, particularmente, nos budismos em suas expressões populares – figuras de divindades ou mesmo a divinização do(s) Buda(s) estejam presentes.

Existem várias concepções de divindade entre as diversas expressões religiosas. O personalismo é uma delas. O personalismo advoga a existência de um Deus pessoal, ou seja, de um – ou mais de um – indivíduo divino. Muitas vezes a concepção personalista de um Deus tem acento antropomórfico, formatando a idéia de indivíduo divino em relação a certas características humanas, como vontade, desejo, inteligência, e elevando essas características a um grau máximo nas imagens de um Deus pessoal, concebido como um ser individual. O monoteísmo, crença na existência de apenas um só Deus pessoal é, geralmente, a forma mais tardia de se conceber personalisticamente a divindade. Anterior ao monoteísmo, e, de certa forma, semente deste, está a monolatria, isto é, a crença em vários deuses, mas o culto a um só deles, como alguns estudiosos apontam ter sido entre os antigos hebreus pré-israelitas que, sentindo-se como povo eleito e protegido por determinado Deus (Javé) e tendo firmado, através de Josué, aliança de exclusividade com esse Deus, intencionavam a adoração e o culto apenas a Javé, embora reconhecessem, num primeiro momento histórico de seu desenvolvimento teológico, a existência de outros deuses ligados a outros povos. Esta concepção tem sua fonte no politeísmo, ou seja, a crença na existência de vários deuses e, mesmo, na concepção de uma hierarquia de deuses.

Místicos de diversas tradições religiosas, por sua vez, concebiam e concebem de uma forma monista a divindade ou algum princípio divino, no sentido de experimentarem o sagrado ou a divindade como uma força impessoal, e identificavam e identificam, algumas vezes, a própria "essência" humana ou da natureza com o princípio divino/sagrado, como, por exemplo, encontramos na concepção taoísta ou de certos ramos do hinduísmo e até mesmo do budismo. O princípio hindu do *Tatvan asi* (tu és isto) ou da não dualidade também está próximo de dois outros conceitos a respeito da divindade o panteísta, que identifica a divindade em tudo, e o panenteísta, que não advoga ser tudo Deus, mas evoca a presença da divindade em tudo, sem que esta seja ou se confunda com os elementos em que se manifesta.

## Emergência do sagrado

Acima enumerei alguns clássicos conceitos classificatórios em relação à(s) divindade(s). Deuses, porém, configuram-se como expressões mais tardias e racionalizadas da experiência religiosa ou do sagrado. A questão é: através de que canais de experiência pôde-se chegar à concepção de seres divinos? Para alguns autores, entre eles Mircea Eliade – a quem sigo bastante nestas páginas, principalmente acompanhando seu raciocínio no clássico *História das Crenças e das Idéias Religiosas* –, a emergência da consciência do sagrado ou da consciência religiosa se teria manifestado, em muito, devido à percepção humana em relação ao fogo – e sua posterior domesticação –, em relação aos fenômenos naturais não controláveis e, particularmente, devido à consciência ou percepção humana racionalizada acerca da morte. O fogo, que dá luz, calor, que propicia cozimento de alimentos – portanto, vida – e ainda proteção, força sobre o sólido, mostrou-se, para usar a expressão de Rudolf Otto, como algo fascinante, além de extremamente útil para preservar vida e possibilitar criação, algo, portanto, identificado como presente ou representante dos deuses, ou como sagrado, e isto também por seu caráter incontrolável, misterioso, destruidor, volátil, mortífero e, novamente Otto, tremendo.

Outra provável origem da emergência da consciência religiosa seria a percepção consciente e racionalizada em relação à morte e a aspectos a ela relacionados. Os seres humanos, através de sonhos, costumam, algumas vezes, ver pessoas ou animais mortos, receber suas "visitas". Este mundo dos mortos, desde remota data, vem visitando o mundo dos vivos. Também, através do transe – elemento quase sempre presente na história dos povos –, pessoas faziam e fazem viagens a esses "mundos dos mortos".

A consciência sobre a morte – e as respectivas experiências visionárias e sensoriais interpretadas como sendo contatos com mortos – teria feito emergir concepções de possível imortalidade ou renascimento dos seres. A imortalidade – em algumas tradições religiosas – geralmente é concebida como caráter espiritual, sendo algum tipo de pós-existência de uma alma, de um elemento volátil, invisível e não físico. Neste sentido é que em muitas experiências e tradições religiosas se poderia esperar que o morto voltasse, o que fazia com que, na pré-história e em algumas civilizações da antigüidade e pré-colombianas, por vezes o cadáver fosse dobrado e amarrado, para impedir futuras visitas inconvenientes do morto. A posição encurvada do morto, em sepulturas, também poderia sugerir novo nascimento, no mundo espiritual ou neste mundo, como ainda atestam o depósito, em muitas sepulturas antigas, de objetos pessoais do morto – fossem instrumentos de trabalho ou caça, armas e, ainda, comida para a viagem da alma ao outro mundo.

A arqueologia também atesta sepultamentos de crânios ou o hábito de içá-los em mastros, evidenciando a concepção, presente em alguns povos, de que a cabeça seria a sede da alma. Também se podia devorar o cérebro para assimilação do poder espiritual ou mesmo fazê-lo objeto de culto.

A idéia da continuação, de alguma forma, da vida humana após a morte é um fio vermelho que tem sido base na maior parte das religiões e de suas soteriologias. Religião, assim, consistiria, desde os remotos tempos humanos, não apenas em um meio de dar sentido à vida, mas sim em um meio de dar sentido à morte. Embora, nesse caso, possa haver um intercâmbio, pois tantas vezes o sentido da morte passa a influenciar o sentido da vida ou vice-versa. Piazza afirma, quanto à questão acima, que "em todas as religiões aparece a crença na vida além-túmulo como resposta a vários problemas humanos, todos ligados ao fenômeno da transcendência pessoal do homem".[7] A morte, e a reflexão religiosa sobre ela, é uma das questões basilares que tocam a vida por se relacionar com a possibilidade da ausência dela ou de sua preservação. Portanto, fazendo oportuno trocadilho, a morte e o mistério que a cerca são, desde cedo, questões vitais para o ser humano. Ou, conforme Luiz Carlos Susin, "quando um sabor de morte se introduz na vida, as perguntas [sobre a vida após a morte] surgem 'vitais'. Não somos nós quem as inventamos, são elas mesmas que nos assaltam, nos desnudam, nos impelem à busca de resposta como luta pela vida".[8] E essas perguntas são muito antigas, mas também contemporâneas. Enquanto houver morte essas perguntas prevalecerão. A historiadora Eliane Moura Silva, em sua pesquisa sobre os sentidos da morte, visitando vários lugares de cultos religiosos de diferentes tradições, afirma que "nestes diferentes locais onde fui pesquisar, em conversas com as mais variadas pessoas, pude também fazer um recorte impressionista das perguntas existenciais que levaram diferentes pessoas a procurar respostas religiosas,

---

[7] PIAZZA, Waldomiro. *Religiões da Humanidade*, p. 422.
[8] SUSIN, Luiz Carlos. *Assim na terra como no céu*, p. 13.

a entrar para certas religiões e movimentos espiritualistas. Em um grande número de casos foi a questão da morte o tema central. Era a incapacidade de aceitar este acontecimento, tanto para si como para os outros, a vontade de saber o que de fato acontece, a necessidade de encontrar uma esperança ou consolo, sobretudo após a perda de um ente querido ou de uma doença fatal".[9]

Entrando, assim, no espectro da morte e da possível continuidade da vida após ela, entramos também no universo do mundo dos espíritos para uma possível explicação de algumas das origens da religião. Aqui vale lembrar que Edward Tylor (1832-1917), um dos primeiros teóricos modernos da religião, via o início da experiência e das idéias religiosas motivado pela crença em espíritos, que viriam a explicar, assim, o surgimento de figuras animadas em sonhos e a diferença entre o corpo vivo e o do cadáver. Os deuses seriam evoluções posteriores de espíritos que se destacaram e tomaram formas mais definidas em certos povos. Esta teoria implica também evidenciar que, para os povos ancestrais, o sistema cósmico e o meio ambiente – sol, lua, estrelas, processos cíclicos do tempo – seriam animados. Plantas, astros, tudo teria, de uma forma ou de outra, seu espírito. Essa forma de concepção do universo foi chamada, por alguns estudiosos, de *animista*, a concepção de que todas as coisas têm vida espiritual, sejam elas animais, plantas, minerais, objetos. Tudo – ou quase tudo – seria dotado de espírito. Também, para muitos po-

---

[9] SILVA, Eliane Moura. *Vida e morte: o homem no labirinto da eternidade*, p. 5.

vos ancestrais, não haveria dicotomia entre natural e sobrenatural, postulando que vivos e mortos, antepassados, heróis míticos e deuses convivem em interdependência. Essa idéia também está presente em tradições religiosas contemporâneas a nós, que deitam suas raízes em tradições e experiências do sagrado muito antigas. Assim, espíritos habitariam árvores, rios, montanhas e/ou viveriam em outros planos de existência. Teriam eles poderes específicos que influiriam na vida e no mundo. Seria preciso respeitá-los, cultuá-los e, através de ritos, agradá-los, apascentá-los e, mesmo, negociar com eles.

Também está ligada às concepções basilares e ancestrais da experiência religiosa a noção de *totem*. Pessoas, clãs e sociedades consideravam ou ainda consideram – como em muitos povos nativos da Oceania e das Américas – ter um parentesco primitivo com algum animal ou vegetal primordial, com o qual se sentiam ligados e de onde lhes emanava força, poder e identidade. O totem era – e ainda é entre muitos – o elemento de ligação entre as pessoas de um clã ou de uma sociedade. O animal totêmico não era adorado, e é possível que o totem tenha sua origem ligada à questão da exogamia (casamento fora do clã), ou seja, na demarcação de identidades e de famílias, criando tabus e limites entre tribos e clãs. Interessante seria refletir se símbolos patrióticos, como a bandeira e o hino de uma nação, e o conseqüente patriotismo e sentimento de pertença e identidade nacionais apontariam, de uma forma moderna, para uma relação totêmica com a pátria, em que o totem passa a ser referido nos símbolos da nação.

Tendo origem nessas experiências religiosas ancestrais, figura religiosa importante é a do *xamã* – termo genérico que visa conceituar o sacerdote animista-totemista. O xamã geralmente era e é definido como tal por algum defeito físico, alguma alteração psíquica, ou por sonhos ou práticas proféticas de xamãs anteriores que sinalizavam e sinalizam as pessoas escolhidas e marcadas pelos espíritos ou deuses para cumprir tarefas sacerdotais-mágicas. É, portanto, um homem especial, um pontífice entre o mundo do além e o mundo dos vivos. Uma das funções precípuas do xamã é a de, através de ervas e tradições cúlticas – ritualizadas com danças, tambores, máscaras, transe –, comunicar-se com outros planos de existência, com espíritos e deuses, manipulando o *mana*, o poder espiritual que vem dos deuses ou dos espíritos, e que pode ser comunicado aos seres humanos. Como líder espiritual, dependendo da cultura religiosa, o xamã cura, faz predição, é possuído por espíritos, tem sonhos, visões, faz adivinhação, teatraliza mitos, dá conselhos. No transe – provocado por música, dança ou pela ingestão de ervas sagradas – o xamã sai do profano e viaja ao sagrado, dispondo, muitas vezes, de uma língua secreta/sagrada para a comunicação com outros mundos.

## Sagrado, profano e hierofanias: no rastro da contribuição de Mircea Eliade

Muito do que quero dizer sobre a estrutura do religioso presente nas sociedades tem como referencial, como já asseverado, as teorias de Mircea Eliade (1907-

1986), estudioso romeno. Assim ele definia o sagrado: "O sagrado é um elemento da estrutura da consciência e não uma fase na história dessa consciência".[10] Para Eliade, a religião é um dado intrínseco ao ser humano, e não uma parte menor ou maior de sua história "evolutiva". Uma das grandes contribuições de Eliade para a compreensão da religião é a explicitação dos conceitos de sagrado e de profano, que aqui abordo brevemente.

O profano é comumente considerado o corriqueiro, a rotina da faina humana, atos que são triviais e que não carregam significado especial. O sagrado, por sua vez, é o elemento que transcende o profano e se opõe a ele, pois se mostra como incomum, com caráter de significação definitiva, absoluta.

À manifestação do sagrado Eliade dá o nome de *hierofania*, ou seja, momentos especiais em que, em meio ao profano, ou num momento de suspensão do profano, o sagrado surge. As hierofanias podem dar-se em pessoas – como se teriam dado ou se dão em Buda, em Jesus, nos santos – ou em lugares, elementos da natureza e objetos, como árvores, pedras, rios, instrumentos rituais, comidas que passam a manifestar algo mais que elas mesmas. O sagrado, antes de ser um conceito ou criação humana, seria uma experiência, algo que acompanharia a sensibilidade humana. O sagrado, considerado como experiência, poderia ser interpretado como algo "obje-

---

[10] ELIADE, Mircea. *História das crenças e das idéias religiosas*, p. 13.

tivo", mediado, entretanto, pela subjetividade humana e cultural.

Sagrado e profano remetem a espaços de vivência e experiência. O espaço sagrado se conformaria a certos lugares ou objetos, tempos, pessoas, arquiteturas, danças, legislações especiais, que levariam à experiência *numênica*, de saída da vida profana – na liminaridade/fronteira entre mundos distintos – e de entrada ou contato com a dimensão do absoluto, dimensão esta não cotidiana. Esses espaços – físicos ou psicológicos – proporcionariam experiências em oposição ao espaço profano, este identificado com a vida profana, com lugares, tempos, objetos, pessoas que estão numa dimensão comum, em que a experiência do incomum/absoluto não se manifesta. Dimensão profana esta que, muitas vezes, pode ser considerada como de impureza ou de ilusão (como no conceito de *maya* do hindu-budismo).

A partir de uma visão do espaço profano como impuro para o contato com o espaço sagrado, o ser humano (e objetos/elementos) passa a carecer de purificação ou, ainda, de consagração. Assim, elementos, pessoas e lugares profanos podem ser tornados sagrados, incorporados pela força da divindade – como, por exemplo, instrumentos rituais, tempos especiais, como o *ramadã* islâmico e a quaresma cristã, dias como o do *Yom Kippur* judaico, anos, como o ano sabático bíblico, templos ungidos, pessoas ungidas. Ser consagrado significa entrar em um espaço e uma referencialidade distintos dos da vivência humana diária, ser possuído por uma força diferenciada e passar a viver dimensões não cotidianas.

Uma das formas de contato com o espaço sagrado, de vivência e experimentação do sagrado, é a constituição de tempos sagrados. Estes tempos são caracterizados como cíclicos, pois trazem de volta uma realidade de fundação ou manifestação da divindade, um tempo mítico primordial, especial, fundante, em retorno, irrompendo no tempo atual e profano. Exemplos da vinda e do irromper desses tempos sagrados são, por exemplo, a missa católica, em sua teologia de reatualização do mesmo e único sacrifício de Jesus no Gólgota, e as festas dos Orixás, que possibilitam trazer os deuses a estarem em visita aos humanos e em comunhão com eles, através de suas danças, elementos/objetos rituais e comidas específicas. Na vivência dos tempos sagrados, assim como nos rituais que celebram esses tempos, há um reencontro com o sentido da vida e do mundo e a assimilação, nesses tempos e eventos, de forças e de sentidos axiológicos que alimentam esperanças, relembram promessas divinas e dão condições para suportar sofrimento e dor.

Essas hierofanias, o irromper e as manifestações especiais do sagrado marcando lugares e tempos, coisas e pessoas, podem ser classificadas como *cratofanias*, isto é, a manifestação da potência sagrada na natureza, através de raios, fogo, inundações, terremotos, tempestades, maremotos, ou ainda como *teofanias*, manifestações da divindade em visões, sonhos, aparições, audições.

Um dos lugares hierofânicos cratofânicos clássicos são os terrenos que têm pedras, por serem elas elementos brutos, duros, representando a permanência, a estabilidade, a imutabilidade e a eternidade. Neste sentido destacam-se as montanhas, identificadas como morada de deuses ou lugar de suas manifestações, por serem topos que alcançam o céu, lugares de árdua subida e, muitas vezes, inacessíveis e misteriosos, enfim, lugares separados da vida cotidiana nas planícies. Também atualmente montanhas são consideradas, através de mitos passados, como sagradas, como os montes Fiji, Sinai, Kilimanjaro. Daí, em certo sentido, o hábito antigo de construirem-se igrejas e templos em elevações e, mais modernamente, o hábito, em algumas igrejas pentecostais, de se ir ao monte para orar.

Ainda em referência à questão da altitude como morada ou lugar de manifestação do sagrado, conhecemos colunas e escadas que simbolizam o eixo da terra ou lugar de ligação entre céu e terra, de passagem entre profano e sagrado. Na Bíblia, o sonho de Jacó, que via anjos descendo e subindo por uma escada, tornou-se um sinal de experiência e lugar sagrado.

Não menos significativa nas hierofanias é a figura da árvore, enquanto vida que se renova, a representar renascimento e a própria divindade. Na pré-história e antigüidade algumas sepulturas eram feitas ao lado de árvores, significando o renascimento da pessoa morta, já que as árvores se renovam a cada primavera. Não é sem razão que a Bíblia nomeia árvores como especiais ou sagradas, como no caso das árvores da vida e do conhecimento, assim como o carvalho de Moré, dentre outras.

Mas, sem dúvida, o fogo, como já aventado, perfaz, com muita probabilidade, a primeira experiência hierofânica ancestral. O fogo, como elemento destruidor, é de difícil controle e domínio e, ao mesmo tempo, é vitalizador, possibilitando alimentação, calor, luz, purificação, criação. Pode transformar a matéria (como metais), sendo considerado, assim, sujeito do movimento do mundo, da criação. Por seu rico simbolismo, tremendo e fascinante a um tempo, o fogo passa a ser sinal ou mesmo presença da divindade ou de sua ação, como nos clássicos exemplos da sarça ardente que não se consumia, das línguas de fogo manifestadas em Pentecostes ou do fogo da ira divina que consome Sodoma, só para citar a Bíblia.

As experiências hierofânicas são narradas entre as gerações – ou postas por escrito – e, neste caso, costuma haver a construção mítica da narrativa. Assim, ligados às experiências hierôfanicas estão os mitos. Geralmente hierofania e narrativa mítica andam juntas. De forma bastante básica e introdutória, podemos dizer que os mitos são narrativas exemplares compostas de elementos simbólicos, que buscam explicar o início de algo ou o porquê de algo existir em determinada forma. Ou seja, os mitos buscam revelar a origem do nosso cotidiano ou da vida dos deuses, e tal origem costuma ser explicada pela ação dos deuses, geralmente em um princípio fora do tempo ou em um tempo ideal.

Há muitos estudos e teorias sobre a origem e a função dos mitos. Max Müller, um dos primeiros estudiosos dos mitos, no século XIX, tendeu a ver neles criações fantasiosas, "infantis", de um ser humano primitivo. Infelizmente esta idéia se generalizou e se tornou lugar comum na avaliação dos mitos feita por pessoas de conhecimento mediano ou acadêmico e científico. Contudo, penso que os mitos revelam muito de nós mesmos, de nossos temperamentos, problemas, idéias, desejos. Para alguns estudiosos modernos, os mitos dão conta dos dramas humanos em histórias exemplares que velam ou revelam os problemas. Para C. G. Jung, os mitos são, de certa forma, respostas do ser humano a problemas existenciais, respostas estas que são articuladas e acessadas através dos arquétipos do inconsciente. O mito teria também a função de regular a vida social, fazer com que a sociedade se organize e funcione de certa maneira, que tenha sentido e referencialidade, como nas teorias funcionalistas de Malinowski e Durkheim.

De forma bastante esquemática, pode-se dizer que os mitos podem ser teológicos, enquanto estabelecem a correta relação entre os deuses e os seres humanos; classificatórios, quando ordenam as relações entre os homens, como os mitos que justificam o sistema de castas na Índia, por exemplo; etiológicos, quando regulam as relações do ser humano com a natureza, com os animais, objetos, com as profissões, e quando dão a explicação originária do porquê tal lugar ter determinado nome e afluir certos poderes.

Os mitos, conforme compreendo, são "reais" e "objetivos", não por evidenciarem uma realidade histórica ou científica, mas por responderem, através da dramatização fantástica, às questões existenciais e de sentido de vida. Eles são respostas veladas aos problemas e às grandes questões humanas, são respostas em nível simbólico, que articulam uma comunicação que está para além do analítico-racional. Na parte três desta obra se voltará a essa questão, esmiuçando-a um pouco mais.

Ligados ao mito estão os assim chamados mitologemas, ou seja, sua matéria-prima. Assim, podemos citar o céu como símbolo da transcendência ou como morada de deuses. O céu teria um caráter masculino no sentido de que, através da chuva que dele cai, fecunda a terra. Fenômenos do céu procedentes, como luz, trevas, sol, lua, astros, chuvas, tempestades, ventos, nuvens, além de seu caráter de inacessibilidade, colocá-lo-iam como forte símbolo dos poderes ou das moradas divinas. A terra, por sua vez, seria um símbolo da maternidade e do feminino – em algumas tradições identificada com a Deusa –, ligada à semente que é introduzida em seu interior e à vida que faz germinar, como no ventre materno. Ligado à terra e à água, outro símbolo feminino, desta vez no céu, seria a lua, por sua ligação com os ritmos da vida, da fertilidade, das marés, da fases agricultáveis, à menstruação da mulher, e ainda ligado à morte e ao renascimento, através das fases de trevas e de brilho. Não me vou alongar nos exemplos, bastando estes para saber algumas funções simbólicas de elementos da natureza em mitos e, também, em ritos.

O mito, para ser lembrado e cumprir sua função de organizador da vida e da sociedade, oferecendo sentido e explicação, precisa ser formalmente celebrado. Ligados aos mitos estão os ritos ou rituais. São eles as celebrações e reatualizações dos mitos fundantes de uma religião, povo ou cultura. Através dos ritos são reatualizadas e lembradas as histórias e os fatos míticos que dão unidade de crença e unidade social a determinados grupos religiosos. O ritual faz reviver a explicação cósmica que o mito ordena, e inculca nas novas gerações e sustenta nas gerações adultas os sentidos dados pela religião. Há, deste modo, por exemplo, os ritos de passagem, que fazem a passagem do ser humano natural ou profano para o ser humano *con-sagrado* ou marcam a entrada do jovem na comunidade adulta e sua apreensão e iniciação nos mistérios da religião, no conhecimento dos mitos, de fórmulas mágicas, das tradições. Poderíamos citar, como tais, a feitura de cabeça no Candomblé, o batismo e a primeira comunhão no cristianismo, o estágio de meninos na vivência monástica no budismo *theravada* e, ainda, a circuncisão no judaísmo. Também cerimônias de matrimônio e sepultamento podem ser inseridas como ritos que introduzem a pessoa em uma esfera diferenciada da profana.

Quanto aos rituais dirigidos à divindade para propiciar o bem, a proteção, a saúde e a normalidade à vida diária da comunidade, constata-se, muitas vezes, o rito como repetição do mito fundante – uma espécie de *anamnese* – para garantir a continuidade da vida, do mundo, o favor divino ou a regeneração. O rito faz com que as pessoas se tornem contemporâneas dos fatos originários da vida. Repetido o mito através dos ritos, garante-se que a sociedade e as pessoas vivam em harmonia entre si e com os deuses.

Um elemento ritual presente em muitas tradições religiosas é a oração,[11] que pode tomar muitas formas. A oração, nas religiões monoteístas (e mesmo em politeístas), é concebida como diálogo pessoal entre o crente e seu Deus. Já nas religiões de cunho monista, a oração tantas

---

[11] A oração, propriamente, não costuma ser classificada como rito, mas está, muitas vezes, imbricada em processos rituais.

vezes se mostra como meditação ou técnicas para desprendimento, elevação e identificação da pessoa com o absoluto – via unitiva – ou para a eliminação da ilusão do eu.

A oração costuma tomar forma em gestos, ritos, palavras ou *mantras*. No caso dos mantras – um conceito originário do hinduísmo – formas verbais repetitivas de palavras sagradas visam a internalização do Deus ou a identificação com o Deus ou com o cosmos. São vibrações sonoras que também teriam a função de harmonizar o cosmos e o ser humano. Já os gestos, em orações e rituais, podem ser sóbrios ou não, mas geralmente são estilizados, vindo a demonstrar formas preestabelecidas para poder vir a efeito o contato com o sagrado ou para poder agradar à divindade. Gestos podem significar contrição (ajoelhar-se e prostrar-se), respeito (colocar-se deitado ou prostrar-se), atenção (de pé), ou podem ser posturas corporais específicas para melhor atingir a união com a divindade ou com o cosmos e a serenidade (como a posição de lótus na meditação hindu-budista).

As funções da oração costumam ser as meditativas, contemplativas, unitivas, laudativas, invocativas (pedindo proteção ou livramento), evocativas (mediúnicas), intercessórias e purgativas, visando purificação. Em algumas tradições a oração, como o rito, pode levar a pessoa e a comunidade ao êxtase ou ao êntase, isto é, a formas exteriores ou interiores de ser possuído pela divindade ou de ter comunhão com ela. Neste sentido, a dança pode ser forma ritual de direcionamento à comunhão com o sagrado. A dança pode representar a mitologia e repetir, através do gesto e do lúdico, a maneira de ser da divindade, como no candomblé. Através de máscaras, transe, objetos e roupas, os deuses podem fazer-se presentes na dança. A dança e o ritmo são formas possíveis de o sagrado se comunicar e de as pessoas entrarem no espaço sagrado em sua alteridade. A dança dos *sufis* muçulmanos é um exemplo técnico disso.

Interessante, ainda, é destacar que números e letras também podem ter caráter sagrado em rituais e orações, como atesta a judaica *Kabala*, atribuindo poder sagrado e significados esotéricos ou iniciáticos especiais às letras do alfabeto hebraico e a números místicos ou simbólicos, como os bíblicos sete, doze e quarenta.

Em se falando de letras sagradas, é bom não esquecer que em determinadas tradições religiosas há línguas sagradas para a comunicação específica com a esfera do sagrado nos rituais. Assim é no islamismo, com o árabe, o sânscrito no hinduísmo, o páli em certos budismos, o hebraico entre os judeus, o iorubá entre algumas tradições de matriz africana no Brasil e, até pouco tempo atrás – e ainda como língua oficial na Igreja Católica – o latim nas missas. O uso de línguas específicas para a comunicação com o elemento sagrado parte do pressuposto de que a língua profana, do trivial dia-a-dia, pertence a uma esfera não sagrada. A comunicação com a esfera do sagrado necessitaria de língua e expressões particulares, de fora do cotidiano.[12] Esta co-

---

[12] Mesmo quando a língua para a comunicação com o sagrado é a mesma do uso profano/diário, isto se deve ao fato de a divindade ter-se revelado especificamente em tal língua. Este é o caso do islamismo, por exemplo, em que a recitação do Corão deve ser feita em árabe, pois que a revelação foi realizada nessa língua. Assim como também o desenho das letras no alfabeto árabe pode ser dotado de significados religiosos.

municação diferenciada também se pode dar em um nível extático ou de possessão, como no carismatismo católico e no pentecostalismo evangélico, através do fenômeno do falar em línguas estranhas ou espirituais.

O sagrado, através de mitos e ritos, também aponta para distinções especiais no campo da alimentação. Assim, algumas religiões estabelecem certos alimentos como sagrados e interdita outros alimentos ao consumo humano. É bastante conhecida, por exemplo, a interdição da carne de porco entre judeus e muçulmanos e da carne em geral entre os hindus. Também formas específicas de preparo de alimentos, atendendo a certas normas sagradas, no sentido de purificá-los, estão presentes em algumas religiões. Geralmente esse preparo deve ser feito por pessoas habilitadas, muitas vezes o sacerdote da religião. Assim é com o preparo de alimentos *kasher* entre os judeus e de certas iguarias para cada Orixá, no candomblé. Entre os xintoístas é comum o oferecimento de arroz aos espíritos. Comida, comensalidade, alimentação costumam ser atos de comunhão e amizade e, portanto, significam participação no poder atribuído ao alimento que se ingere e na vida dos convivas. Alguns povos indígenas no Brasil costumam cremar as pessoas falecidas e, em uma mistura, consumir as cinzas da pessoa cremada, no intuito de obter sua força. Estudos apontam que assim também se mostrava, por vezes, a lógica do canibalismo, em que povos vencedores devoravam, em rituais, seus adversários derrotados como forma de obter a força guerreira do inimigo. A eucaristia católica, sob esse ângulo, também pode ser vista como um ritual de comunhão com a divindade, em que o fiel se alimenta do próprio corpo do Deus, que a ele propicia o sustento espiritual necessário através desta comunhão alimentar.

Por falar em comunhão e união com a divindade, é necessário, ainda e não por último, citar que o sexo também pôde e pode ser visto, em algumas tradições religiosas, como meio de comunhão com o sagrado, como atestam as bacanais, as festas dionisíacas na antigüidade greco-romana, a prostituição sagrada em religiões do antigo Oriente Médio como rito de fecundação e vida, e técnicas de yoga de raiz hindu, como o *tantrismo*.

## Excurso. Mitos, ritos, religião: por quê?

Uma pergunta que, neste momento, seria oportuno apresentar é: por que o ser humano elabora mitos e ritos? Há uma boa dose de possíveis respostas para esta pergunta. Certamente há razões sociológicas e referentes à estruturação da sociedade, mesmo econômicas, na invenção ou elaboração de mitos e ritos, como apontam com perspicácia Durkheim, Weber e Marx, só para citar os mais conhecidos autores na área. Mas quero seguir uma pista, por assim dizer, mais antropológica ou, dizendo melhor, compreensiva. Parto do pressuposto de que o ser humano sente-se como um ser incompleto. Digo assim, de forma genérica, mesmo correndo os riscos que toda generalização comporta. Há uma grande e constante inquietação que parece, em formas diferentes, acompanhar a vida humana. Nem sempre são claros a origem e o porquê dessa insatisfação com o viver "despretensioso". O fato é que seres humanos e sociedades, em todos os tempos e lugares, sempre buscaram criar símbolos e mitos para dar sentido à vida e à morte.

É sobre esta busca por completude para estancar uma saudade misteriosa, é sobre este desejo de encontro, de comunhão, que fala a religião. Essa busca de algo ou alguém para além do "profano" trivial da vida é terra fértil para a constituição da religião. A religião se constrói sobre a insatisfação, o não se sentir plenamente em casa. Neste caso, como revelava Marx, religião é um protesto travestido de mitos e ritos. É uma forma de manifestar a insatisfação com a vida, com o destino, com o trabalho, com o mundo e a sociedade como se apresentam. A análise – negativa ou positiva – da forma como essa insatisfação é manifestada na religião é que muda, de acordo com os observadores do fato religioso. Para alguns, trata-se de fugir, de esconder, reprimir, reconciliar ou sublimar sentimentos e traumas (Freud), de alienar e postergar para os céus a realização humana (Marx), de acovardar-se e negar as potencialidades humanas (Nietzsche). Para outros é, ainda que tateante, e ainda que carregada também desses e de outros fatores considerados negativos, uma busca legítima por completude, por um cosmos que faça sentido. Peter Berger aponta a necessidade, à diferença dos demais animais, de o ser humano encontrar ou construir um mundo em que haja sentido, em que haja cosmos (ordem) ao invés de caos. Sentidos para a morte, para a dor, para a injustiça, para a separação. Ao contrário do existencialismo sartreano, nem todos os humanos conseguem suportar viver num mundo em aberto, sem sentidos dados, sem nortes seguros, sem o chão firme ofertado pelos deuses e mantido e sustentado pela religião em suas práticas. Parafraseando Jung, eu diria que, no ser humano, um vazio, uma incompletude está sempre presente, invocada ou não. Neste ventre da nostalgia o ser humano fica grávido de deuses.

## Voltando para casa: a busca da reconciliação

Contudo, qual a origem dessa incompletude? Ela é interpretada, em diversas tradições religiosas, como sinal de uma deficiência ou de um afastamento. De uma insuficiência cognitiva ou de atos que quebram ou quebraram a comunhão com o sagrado. Se há a busca, através de mitos e ritos, do divino, seria porque ou ele está longe ou, de alguma forma, o ser humano dele se encontra afastado. E, no caso da última assertiva, constata-se que ritos e mitos têm conexão com este atar que foi desatado, com a percepção de que algum tipo de incorreção humana precisa ser corrigido para que se volte ou se vá à plenitude da comunhão desejada.

Quase todas as religiões têm alguma idéia ou conceito sobre a incorreção humana. De modo geral, pode-se dizer que essa incorreção é interpretada como um déficit humano causado pelo próprio ser humano, que o separa do sagrado e do usufruí-lo plenamente. Entre as religiões monoteístas cunhou-se o termo ou a idéia de pecado. Essa incorreção pode ser moral, como uma desobediência aos preceitos éticos do Deus, ou ritual, concebida como falha ou desobediência às obrigações e fórmulas rituais. Também pode tomar a forma psicológica, como a concepção do apego a este mundo e ao eu, à ilusão de *maya*, conforme no hinduísmo e no budismo.

O fato é que tradições religiosas costumam trabalhar com o conceito de uma incorreção que, muitas vezes, é explicada, em sua origem, recorrendo-se a mitos e corrigida na ritualização de uma ação purificatória, remetida às origens, ou de uma ação atual, através de rituais. Assim, a questão da incorreção humana leva a outra questão: como anular, superar tal incorreção?

Salvação ou libertação são os termos religiosos mais conhecidos que buscam dar conta dessa superação da incorreção humana. Tais termos estão ligados à convicção de que este déficit humano de realização, de vida, de felicidade, e as conseqüências a ele atribuídas, como sofrimento, dor e morte, precisam ser erradicados. Esse déficit pode ser eliminado pela ação de deuses ou pelo exercício religioso humano. Assim, temos alguns exemplos de tipos de salvação ou libertação da incorreção humana.

Um primeiro exemplo é a noção natural de salvação, através do bem-estar humano, da longevidade e da saúde. A salvação tem assim um teor geracional, familiar e tribal, como no antigo Israel. Salvação é levar vida próspera e ter a possibilidade de se fazer perpetuar na família, nos descendentes. A interpretação que Peter Berger faz da religião, de certa forma, vem ao encontro deste paradigma, pois para ele religião tem a ver com a possibilidade de se viver uma vida boa, saudável, próspera, aqui nesta terra. Afinal, ritos, orações, devoções, sacrifícios não têm, na maioria das vezes, o intuito de garantir a bênção e o favor da(s) divindade(s) para o viver nesse mundo, com saúde, proteção, segurança, sorte, riqueza?

Em religiões da antiguidade – e de certa forma em várias religiões em todos os tempos –, o ritual que repete os atos da criação visa a continuidade do mundo, o afastamento do caos, o estabelecimento da ordem natural e social, a propiciação da harmonia do universo como salvação. De ritos, palavras e gestos depende a continuação do mundo e da vida, numa palavra, a salvação.

Há religiões, no entanto, que concebem a salvação através de um herói mítico. Em algumas religiões, como o budismo e o hinduísmo populares, e no cristianismo, é preciso que um ser superior ou uma divindade intervenha no mundo para vencer o caos e estabelecer a ordem, seja na vida das pessoas ou na sociedade. Essa intervenção de um ser divino que surge para realizar a salvação ganha muitos contornos. O herói mítico pode salvar ou levar à libertação através do gesto catafático (ensinamentos) ou sacrificial. Buda, *bodhsatvas*, Confúcio (através da legislação), Jesus, Vishnu (em seus diversos avatares) são alguns exemplos de heróis míticos que, por palavras ou atos, propiciam salvação.

A salvação também se pode dar como libertação. Este seria um aspecto mais afeito à concepção monista de religião. No hinduísmo e no budismo importa o cessar do *samsara*, da agitação da roda dos renascimentos; no taoísmo, o não-agir (*wu-wei*) é a forma ideal que cessa a distinção, levando a consciência de integração ao Tao. As religiões do Extremo Oriente costumam conceber a salvação como libertação e como união com o cosmos, no sentido de entenderem a libertação como a chegada à consciência ou iluminação que supera a percepção de dualidade entre o ser humano e o restante da realidade à sua volta.

Nas religiões ditas proféticas, salvação costuma ter relação com o conceito de perdão de pecados e conseqüente comunhão com a divindade através desse perdão, resguardando, porém, a individualidade da pessoa, que através do perdão concedido pelo ser divino, seja por ritos ou pela ação de um profeta, ascenderia a uma eternidade que superaria a morte.

Já para uma interpretação mais animista de salvação, poderíamos considerá-la como a obtenção, junto aos espíritos, de boas influências em vida, através do praticar e do respeitar ritos aos mortos, para alcançar uma vida espiritual tranqüila e a ajuda dos espíritos.

## Salvação e teodicéia

Mas nem sempre o rito propicia salvação física, social ou espiritual. O ser humano há de se questionar quando o ato do herói mítico ou a oração ao espírito protetor, ou o sacrifício animal oferecido em favor das pessoas, não surtem efeito. Teriam os deuses falhado ou se ausentado? Ou teriam sido feitos a oração e o rito de forma incorreta ou sem a fé suficiente? O fato é que desde há muito – e o bíblico Jó é um belo exemplo literário disso – o ser humano se pergunta pela injustiça impingida ao justo, pela opressão sentida pelo ser humano correto. Como inocentar a divindade do mal inexplicável? Sim, foi preciso, de alguma forma, em todos os tempos, dar uma "explicação" ao inexplicável mal, caso contrário haveria o perigo do cosmos religioso sagrado, que explica e dá sentido à vida, ruir em contradição. Surge, então, o que estudiosos da religião chamam de teodicéia. Este termo refere-se à arte malabar de conciliar divindade(s) perfeita(s) e justa(s) eticamente, poderosas (ou todo-poderosas) com a imperfeição do mundo e as injustiças sofridas pelo justo. A teodicéia visa, assim, explicar a causa do mal, excluindo a divindade de ser causadora do mal ou, em alguns casos, mesmo delegando a ela a causa do mal, como na mitologia grega, em que os deuses tinham ciúmes e ira.

Algumas explicações forjadas no seio das tradições religiosas para este desequilíbrio no dossel sagrado são, por exemplo, os conceitos de pecado ou de *karma*. Nestes casos, o mal que aflige o justo é interpretado tendo origem, às vezes de forma obscura e ancestral, nele mesmo. A responsabilidade pelo mal é humana, ainda que de forma velada. O *karma* é um conceito originalmente oriental para explicar o sofrimento sem sentido e explicação aparentes. Postula a transmigração de almas e a evolução a partir da ética ou do exercício espiritual, que explicaria progressos e regressos na vida das pessoas, assim como injustiças. O ser humano herdaria, em sua história presente, as conseqüências boas ou más de atitudes corretas ou incorretas vividas por ele em vidas anteriores.

Já o dualismo, originário de religiões animistas e herdado, no judaísmo e em seus ramos, do mazdeísmo persa, busca explicar a presença irracional do mal, através de deuses maus (diabos, demônios), atuando no mundo e nas pessoas, e os influenciando. Haveria deuses bons e deuses maus, geralmente em batalhas urânicas.

Podemos ainda destacar a predestinação como explicação para mazelas que fogem a uma lógica de retribuição do bem com o bem e do mal com o mal. Haveria, segundo essa idéia, um *"Deus absconditus"* na divindade, isto é, uma face da divindade inacessível em sua sabedoria, em seus preceitos e decretos; essa divindade escolhe, em seus juízos inescrutáveis, os destinos humanos.

## O sacrifício como mediação da vida

Muitas vezes ligada às intenções de salvação ou libertação, natural ou transcendental, está a prática ritual de sacrifícios. O termo, do latim *sacrum facere* (tornar sagrado), revela a prática incruenta ou cruenta do oferecimento de alimentos, animais, atitudes e mesmo pessoas à divindade. Constitui-se na relação com os deuses baseada na propiciação (oferta) pela culpa e pelo perdão, ou ainda visando proteção, apaziguamento das divindades, bênção traduzida em boa colheita, vitória em guerras etc.

Podemos supor, como o fazem alguns teóricos da religião, que o sacrifício se baseia na concepção de que a divindade precisa ser agradada, apaziguada ou, então, municiada de suas necessidades. Sacrifícios podem ser feitos às divindades ou a espíritos de antepassados e mortos. O sacrifício encontra-se em praticamente todas as religiões e, em muitas, é um dos principais constituintes de harmonização ou regulação do cosmos, da sociedade e da vida humana em suas interfaces com os deuses.

Com exceção ao sacrifício alimentar, do tipo oferendas, encontrado, por exemplo, no xintoísmo e no taoísmo, o sacrifício precisa de vítimas (animais ou humanas). O sacrifício humano está ligado à noção de que é necessária a morte de pessoas especiais para que o mundo continue a existir e para que as atividades humanas não sofram danos, havendo bênção e salvação garantidas pela oferta sacrificial. Era relativamente comum, na antigüidade, os sacrifícios de virgens ou crianças, simbolizando e fazendo acontecer o renascimento do mundo ou do sol, ou ainda no intuito de propiciar a fertilidade ou a continuação familiar/clânica. O sacrifício humano é ou foi, em algum momento, importante elemento em religiões que se encontram entre nós. Assim, nos inícios do judaísmo, podemos ver a possibilidade dessa prática – e sua superação – através do pedido do Deus a Abraão que sacrificasse seu filho e no posterior pedido para que se substituísse o sacrifício humano pelo sacrifício animal. O cristianismo, por sua vez, faz inversão posterior, ao proclamar que sacrifícios animais não mais seriam necessários, por força de um último e absoluto sacrifício, o de um homem-Deus. Também nas tradições de místicas unitivas e religiões como o budismo e o hinduísmo, o sacrifício humano, de certa forma – ao se pensar a pessoa como indivíduo autônomo, como é comum no Ocidente –, também se encontra, incruento, ao se postular a morte do "eu" ou seu desaparecimento através da via unitiva e não-dual.

O sacrifício de animais surge como substitutivo do sacrifício humano e está, muitas vezes, ligado à linhagem totêmica de uma tribo, como nos ritos de iniciação africanos e dos povos nativos da Oceania, onde comer ritualmente o animal sacrificado significa ser revestido de seu espírito/força e realiza a união do grupo.

O sacrifício também pode ser interpretado como uma forma de consagração, isto é, de se introduzir o profano na esfera sagrada, seja este profano uma pessoa, um alimento, lugar ou objeto.

Para o filósofo René Girard, o sacrifício cumpre uma função mimética, através de sua ritualização, preventiva em relação às tendências agressivas do ser humano e da sociedade. O sacrifício ritualizado tenderia a assimilar os conflitos, dando vazão à violência presente nas tensões sociais e a sublimando num elemento/ser substitutivo reconhecido ou legitimado por todo o grupo.

Sacrifício, como o leitor pode perceber, é um conceito e uma prática. Esta tende à violência, seja ela ritual ou simbólica. Sobre o tema se tratará mais profundamente na parte quatro deste livro, no bojo da discussão sobre o monoteísmo.

## "Tu vens, tu vens, eu já escuto os teus sinais...": mediação e carisma

Falei, acima, de heróis míticos e profetas. Ao que parece, o ser humano, em suas experiências do sagrado em várias tradições religiosas, tem a necessidade, muitas vezes, de alguém que venha de fora de seu meio, exemplo e exemplar, que esteja a lhe revelar o que fazer, como ser ou, ainda, libertá-lo através de um chamamento a uma adesão pessoal ou através de um gesto, muitas vezes ritual ou sacrificial. São os homens e mulheres de Deus, ou os próprios deuses em aparência humana. Podem ser pessoas tidas como escolhidas ou designadas pela divindade – por nascimento, consagração, transmissão de carisma, revelação oracular ou manifestação de poderes e sabedoria – que se tornam figuras centrais de tradições religiosas. A religiosidade popular, principalmente, tem-se munido, em várias religiões e épocas, dessas figuras.

O homem ou a mulher de Deus é alguém que carrega consigo um poder ou carisma que o distingue dos demais e aponta para uma relação pessoal especial com o sagrado. Segundo Weber, são pessoas que carregam um carisma pessoal ou institucional (profissional) e que trazem o universo da experiência sagrada às pessoas.

Em uma enumeração bastante ampla podem ser videntes, sacerdotes, filósofos, heróis, andarilhos ou ermitões, taumaturgos, pessoas com dons mediúnicos ou de transe, mágicos, benzedeiras, pessoas que morreram violentamente e sem culpa (como atestam cultos em cemitérios a vários santos populares), fundadores de comunidades religiosas, profetas.

Aqui vale a pena uma palavra de Max Weber. O sociólogo alemão trabalhava, neste ínterim, com tipos ideais, classificados genericamente como sacerdote, mago e profeta, para falar dessas pessoas portadoras de carismas reconhecidos por pessoas religiosas. Segundo Weber, os magos são aqueles que trabalham de forma autônoma. Seriam pessoas dotadas – ou assim reconhecidas informalmente – de poderes especiais para obrigar o mundo do sobrenatural, através do constrangimento feito por atos, fórmulas e palavras secretas, a realizar o desejo do cliente que a ele recorre. Sim, cliente, pois, conforme o estudioso, a relação do consulente com o mago (feiticeiro, bruxo, mágico) é esporádica, individual, e não envolve, necessariamente, vínculo comunitário de fé. O mago sustenta-se na sua eficiência, na qual nutre seu carisma. Um resultado não obtido através de sua magia revelaria sua fraqueza e poria em xeque seu carisma. O mago está à margem da religião oficial, está no submundo da religião. Embora este "submundo", em meu entender, seja também religião, ele a manifesta, e às vezes de forma mais enfática que em práticas e adesões religiosas ditas oficiais e visíveis. Esta concepção baseia-se em considerar religião mais do que as molduras oficiais das tradições e instituições a ofertam. Penso em religião como a experiência de contato com o sagrado que brota das práticas das pessoas, sejam estas oficiais ou marginais. Quanto a isso, mais à frente ficará clara essa concepção.

Já a figura do sacerdote pertence à instituição religiosa. É um cargo, e, portanto, seu carisma não é pessoal, mas da instituição. É um agente especializado do sagrado e formalmente reconhecido. Seu carisma sustenta-se na tradição e instituição estabelecidas, nas doutrinas, e seu reconhecimento se dá por essa via. No seu caso, por exemplo, uma prece feita por ele e não atendida pelo Deus não é entendida como sinal de fraqueza ou ineficiência do sacerdote, mas como sinal da vontade suprema do Deus, que não escolhe atender ao pedido naquele momento. O sacerdote é o ministro considerado "oficial" do Deus.

O profeta, por sua vez, é interpretado como pessoa com carisma que se destaca da instituição – pode vir dela e nela atuar, nos seus limites e franjas – ou que se opõe a ela, que realiza uma ruptura na religião institucional. É um revolucionário ou reformador religioso, no sentido de intentar fazer a religião voltar ao seu estado de pureza original que teria sido deturpado, corrigindo rumos que a institucionalização do carisma original da religião veio a burocratizar. O profeta se opõe ao ritualismo e à burocracia, à rotinização da religião, à virtuose. Ele se sustenta no carisma pessoal e na nova interpretação que inaugura da religião, ou mesmo desconfigurando e reconfigurando nova religião a partir da antiga matriz, como nos casos de Jesus em relação ao judaísmo e de Buda em relação ao hinduísmo, mesmo que valha o argumento da não-intencionalidade de ambos em "fundarem" novas religiões.

Entre os profetas ainda podemos pinçar duas vertentes, a do profeta emissário, que se entende como enviado do Deus para a transformação ou reforma da religião, como o foram, segundo esta classificação, Jesus, Maomé e Moisés; e a do profeta exemplar, visto como um santo ou iluminado, um modelo exemplar, como Buda.

Ligado ao ofício profético, mas não só, encontram-se as comunidades sagradas. Pode-se entender por comunidades sagradas – este termo é uma opção minha – grupos de pessoas ligadas a um profeta ou, ainda, a partir da burocratização, rotinização e banalização da mensagem religiosa original, grupos religiosos instituídos e burocratizados, e, ligadas a estes grupos espontâneos ou institucionais, pessoas vinculadas a espaços especiais e específicos para a vivência do sagrado.

Comunidades sagradas têm ampla semântica, podendo ser, conforme as tradições religiosas e as épocas, o núcleo familiar, restrito ou amplo, identificando a família, o clã ou a tribo, e suas respectivas autoridades, como o espaço da vivência do sagrado. Até hoje há resquícios desta forma de comunidade religiosa nuclear, com os pedidos de bênção aos pais. Este conceito de comunidade sagrada ou religiosa pode expandir-se de tal maneira que mesmo uma nação pode considerar-se como comunidade sagrada ou eleita, como foi concebido o povo israelita na Bíblia ou, modernamente, como em conceitos de religião civil aplicada por Robert Bellah aos EUA.

Comunidades sagradas podem ser grupos religiosos sectários (seitas) ou igrejas, como na conceituação de Troeltsch, sendo seita identificada como um círculo de discípulos ou grupos internos "contestatórios" à instituição, marcados por exclusivismos eletivos, ligações emocionais e carismáticas entre membros e, muitas vezes, apologias agressivas de sua verdade, enquanto comunidades do tipo igreja seriam universalistas e burocratizadas, conforme o conceito weberiano de banalização da religião, isto é, sua rotinização e perda de caráter fechado ou exclusivista, e com sua abrangência de influência e formação sobre a cultura de um povo, muitas vezes se confundindo intrinsecamente com a cultura.

São conhecidos também espaços internos às religiões criando comunidades específicas. Assim é o caso do monasticismo hindu, em seus *ashrans*, ou budista, no caso das comunidades monásticas e no conceito maior de *sangha* como a comunidade dos fiéis em que o devoto deve-se refugiar; e no cristianismo, através de Ordens religiosas. Essas comunidades específicas internas às tradições religiosas apontam para a necessidade de um espaço constante e oposto ao profano, para que entre na atmosfera experiencial do sagrado um espaço destacado e com regras e modelos de vida que intentam ser formas especiais para se chegar, mais intimamente ou perfeitamente, à experiência do numinoso.

## "Está escrito..."

Não é sem tempo que devo citar aqui outro importante elemento presente em muitas tradições religiosas, as Escrituras Sagradas. Nem toda religião tem escrituras sagradas, mas toda religião tem, ainda que de forma oral, histórias, ritos e mitos sagrados que são transmitidos entre gerações. Contudo, a maior parte das grandes tradições religiosas teve colocados por escrito seus mitos, ritos e histórias sagradas, fazendo surgir livros sacros, ou seja, livros nos quais estariam a palavra dos deuses ou de seus profetas e sacerdotes.

A escritura sagrada tem como origem, quase sempre, uma revelação, seja diretamente da divindade, como no caso do Islã, do judaísmo e do cristianismo; seja de pessoas inspiradas, iluminadas ou representantes das divindades, como nas cartas bíblicas de Paulo ou nos *sutras* atribuídos ao iluminado Buda; seja de espíritos que revelam os mistérios da divindade ou do mundo espiritual, como na codificação espírita-kardecista.

A autoridade e a sacralidade de um escrito geralmente dependem de sua ligação com o sobre-humano. Porém, outra origem pode ser a tradição sacerdotal ou de sábios de uma religião colocada por escrito e sacralizada (reconhecida como divinamente inspirada), como se poderia dizer do *Talmud* judaico.

A literatura religiosa encontra várias formas de se apresentar, como a poesia, que visa expressar a mensagem dos deuses através do símbolo, do ritmo e da forma cúltica, como temos exemplos nos hinos dos *Vedas*, na forma do *Tao Te King* ou nos salmos da Bíblia; preces, como os *mantras* no *Mahabarata* ou os salmos; narrativas de mitos; forma didática, ou seja, ensinamentos e mensagens de cunho ético ou ritual; doutrina, enquanto ensinamentos sobre questões teológicas e cúlticas como verdades de fé; magia e fórmulas de eficácia em relação à divindade; profecias, isto é, predições, aconselhamentos e advertência de porta-vozes da divindade; lendas, enquanto histórias de ensinamentos, exemplos e moral; sapiência, que apresenta reflexões eruditas, tais quais os bíblicos Provérbios e Eclesiastes; oráculos, palavras divinas pontuais para certas situações, conseguidas mediante consultas, jogos sagrados ou oração; e ainda narrativas propriamente históricas no sentido moderno da expressão.

## A busca das origens

Ainda uma palavra sobre outro elemento bastante presente em tradições religiosas: as peregrinações. Durante certos tempos sagrados determinados, ou mesmo sem ser em tempos especiais, pessoas e grupos vão a lugares hierofânicos, isto é, onde houve ou há alguma manifestação do sagrado, seja por um acontecimento especial lá ocorrido, seja por uma revelação, uma aparição, um milagre, uma experiência religiosa de alguém. Como lugares hierofânicos mundialmente conhecidos temos as cidades de Belém, Jerusalém, Meca, Benares, Santiago de Compostela. No Brasil, Canindé, Juazeiro do Norte, Aparecida, Vale do Amanhecer e tantos outros lugares hierofânicos de conhecimento mais regionalizado do povo se fazem presentes na cultura religiosa brasileira. Esses lugares são interpretados, por estudiosos, como pólos símbolos de uma nostalgia do paraíso, de regresso às origens unitivas, ao seio materno. A ida a (e a permanência em) um lugar que recorde ou seja lugar das origens do sagrado presente e "palpável" irrompido em meio ao profano apresenta-se como uma forma de nomizar a vida e de se recarregar com forças espirituais.

Lugares hierofânicos assim considerados em quase todas as tradições religiosas – ainda que num viés popular – são, por exemplo, as cavernas e grutas, que, por suas formas e geografias específicas, são bastante simbólicas em relação ao acesso e à entrada em outro mundo. Pela dificuldade de acesso e por serem como úteros na terra (ou em montanhas), reforçam o caráter numinoso, de entradas para outros mundos, de comunicação com o além. Não é sem razão que visões ou aparições da Virgem Maria costumam ser experimentadas em grutas.

# Religião e magia: opostos ou intercambiáveis?

Uma última distinção – ou não – deve ser feita nesta apresentação sobre religião. É a que trata da relação entre magia e religião. Tradicionalmente, na esteira do pensamento de James Frazer, magia é considerada uma forma de manipular, forçar ou "comprar" a divindade para os anseios humanos, individualisticamente, enquanto religião é considerada como um meio de acatar a divindade e de se submeter a ela, comunitariamente. Na magia há o predomínio do rito (ação) sobre o mito (doutrina), e o predomínio do indivíduo e de suas necessidades sobre os interesses da comunidade cúltica e religiosa da religião. Esta é a concepção tradicional a traçar as fronteiras entre magia e religião.

A magia baseia-se no poder que certos objetos – como patuás, figas –, certos gestos, certas palavras, recitações, oferendas têm de coagir o sagrado em benefício ou malefício de alguém. Dentro deste espectro haveria a magia contagiosa, em que há contato direto entre objeto mágico e pessoa, quando, por exemplo, é preciso encostar algum objeto mágico ou magicizado sobre a pessoa, e ainda a magia analógica, em que não há contato direto entre objeto e corpo, mas uma analogia simbólica e eficaz, em que, por exemplo, se poderia desatar um nó de corda para "desatar" a vida financeira ou afetiva. Neste sentido muitas práticas da religiosidade popular costumam ter fundo mágico, como o costume de colocar imagens de Santo Antônio de cabeça para baixo ou tirar o menino Jesus de seu colo até que se tenha obtido um noivado ou casamento. Enfim, na magia analógica usam-se de símbolos que têm uma ligação oculta com alguma realidade e podem influenciar sobre ela.

Mas nem todos os estudiosos das religiões separam magia e religião. Esta, para alguns, seria mais uma separação formal ou didática. Então, permanece uma questão polêmica em aberto: religião e magia são opostos ou a religião inclui a magia?

Algumas pessoas têm defendido a teoria – um pouco em acordo com Bourdieu – de que a distinção entre religião e magia tem a ver com a questão do poder, ou seja, de quem define o que é religião e o que é magia, o que é oficial e o que é oficioso. Assim, concebem que a conceituação ética negativa da magia se faz a partir de um olhar da moral oficial da religião dominante. Portanto, consideram a religião, enquanto manipulação legítima do sagrado, como um conceito ditado segundo as regras de quem detém o poder de definir o religioso. Como nos chama a atenção o historiador João José Reis, em seu livro *A morte é uma festa*, "superstição é a religião do outro. A nossa superstição é a religião verdadeira".

Em algumas religiões, a magia é considerada como dádiva dos deuses a algumas pessoas especiais (pajé, xamã, ialorixá, rezadeiras), para que possam, como representantes da divindade, harmonizar, através da magia, as mazelas da sociedade. Portanto, partem da premissa de que existem forças ocultas e potentes por detrás dos acontecimentos da vida e que é necessário e salutar aprender a controlar essas forças.

Após este breve arrazoado sobre a magia, ficam as perguntas: Qual seria a fronteira entre religião e magia? Em toda religião haveria magia? É possível ver em bênçãos a carros, a casas e pessoas (pedindo proteção), na fixação de certos salmos e orações nas portas de casa, no persignar-se diante de situações difíceis e amedrontadoras um viés ou uma herança mágica? Esses gestos trazem um sentimento de segurança, proteção, de que, de alguma forma, por estes objetos, gestos e usos, está-se garantindo a amizade e o benefício da divindade. Até que ponto magia e religião se confundiriam ou estariam, muitas vezes, em franco intercâmbio? Esta é uma questão que fica em aberto para a reflexão do leitor.

## Do fenômeno à sua redução: perscrutando algumas frestas de explicação da religião

Apresentadas algumas características salientes das experiências religiosas, faço breve – e bastante incompleta – incursão sobre como as ciências humanas e sociais têm, classicamente, interpretado ou explicado o surgimento e a sedimentação das experiências religiosas em pessoas e sociedades.[13] Muitos autores importantes estarão ausentes,

---

[13] Aqui, igualmente, o desenvolvimento das reflexões está baseado nas já citadas obras de Simões Jorge, Waldomiro Piazza, Irineu Wilges, e ainda em *Sociologia da Religião: enfoques teóricos*, organizado por Faustino Teixeira e Renata Menezes.

pois a intenção, nesta obra basicamente introdutória e de ensaios, é a de pinçar alguns teóricos e, de forma bastante sintética, apresentar algumas de suas intuições básicas a respeito da religião. Restrinjo-me aqui a alguns estudiosos do século XIX e a outros do século XX, mas sem citar autores contemporâneos vivos, com a exceção de Peter Berger.

Os estudos acadêmicos sobre religião(ões), desvinculados do olhar teológico e das instituições religiosas, têm início ou, ao menos, ganham volume significativo com a colonização imperialista da África e Ásia e com o espírito científico positivista e evolucionista do século XIX, herdeiro do iluminismo. A Europa, nesse contexto, toma consciência de seu encontro com o diferente, com a alteridade cultural, a partir de sua ocupação e do contato com sociedades africanas, asiáticas e oceânicas. Iniciam-se, então, a observação do diferente e o início da etnografia e antropologia cultural. Não que nações e estudiosos europeus não tivessem tido, anteriormente, esse contato com culturas religiosas diferentes da sua na colonização das Américas, por exemplo, e mesmo no restante do globo, em séculos passados. Porém, naqueles contatos, particularmente nas Américas, onde europeus se fixaram, as culturas religiosas não-cristãs foram ou suprimidas ou "convertidas" (com ou sem aspas) ao cristianismo. Com o positivismo e o evolucionismo, marcando as ciências no século XIX, e com a independência cada vez maior das ciências humanas e sociais, desvinculando-se de antigas matrizes e tutelas teológicas, o contato com culturas religiosas estranhas ao cristianismo se reveste de uma abordagem diferente. A primeira delas, a marcar o início dos estudos acadêmicos sobre religião, vem do legado evolucionista. A mentalidade evolucionista pretendia que, nas religiões, houvesse uma linha evolutiva, que se iniciava no animismo e evoluía até as religiões monoteístas, com seu ápice no cristianismo.

Assim, as investigações científicas sobre as religiões tinham por base a busca pela origem da religião e sua evolução. Na carona deste espírito positivista ou evolucionista e, mais tarde, desvinculando-se dele, ramos da academia que começam, a partir de seus pressupostos epistemológicos de abordagem, a investigar e "explicar" a religião, sua origem, seu funcionamento e, por vezes, sua possível supressão, são a psicologia, psicanálise, psiquiatria, sociologia, antropologia, história e, também, a filosofia, agora adulta em relação à teologia e já crítica. Estas disciplinas acadêmicas, com suas variantes internas, constituem-se, quando abordam o fenômeno religioso, nas principais signatárias das Ciências da Religião, área de estudos da(s) religião(ões) que se inscreve num compromisso analítico do tema não vinculado às instituições religiosas ou à apologia de determinada fé. Atualmente não prepondera mais, em nenhuma das disciplinas acima citadas, um caráter positivista ou evolucionista na investigação da religião. Dentro de cada disciplina há vertentes distintas, ora mais críticas, ora mais simpáticas à aproximação do fenômeno religioso. Assim, há os mestres da suspeita, que em sociologia, filosofia ou psicanálise, como Marx, Nietzsche e Freud, desconstroem a religião e buscam determinar seu caráter alienante ou ilusório, inclusive prescrevendo os "remédios" para seu desaparecimento. Outros há, nas mesmas disciplinas, crentes ou não, que enxergam na religião um estatuto de legitimidade, realidade ou função positiva, como Jung, Ricouer e Eliade.

A questão do tipo de abordagem usada nos estudos sobre religião sempre tem como eixo de decisão – e tensão ou conflito – uma visão ou substantiva da religião, que concebe uma essência naturalmente religiosa no ser humano, ou uma visão funcional da religião, que não assente à religião como substância, mas como uma entre outras formas, negativa ou não, de o ser humano regular sua vida e sociedade. Assim, a aproximação à religião pode ser feita ao modo explicativo, em que se defende a idéia de que é possível descrever a religião, explicar por que as pessoas crêem, realizam certos ritos etc.; ou pelo viés compreensivo, em que se busca chegar às experiências subjetivas do crente. Na abordagem compreensiva entende-se que as estruturas e funções não são a religião em si, embora possam fazer parte da estrutura e do espectro religioso. A religião está na experiência do crente, e lá deve ser buscada. Seja como for, penso que ambos os eixos, ainda que em tensão, podem e devem conviver numa análise abrangente e séria sobre religião.

Um dos pioneiros no estudo da religião foi Max Müller (1823-1900). Seus estudos focaram, sobretudo, os mitos. Para Müller, as religiões expressariam experiências semelhantes através de formas distintas, mas que conservam, mesmo na alteridade, semelhanças básicas. Os mitos, os deuses e suas funções, as cosmogonias, as relações entre os humanos e os deuses em sacrifícios e ritos se repetem em todas as religiões, com roupagens culturais distintas. Quanto a isto, o leitor atento perceberá que em minha análise da religião essas idéias de Müller estavam presentes no que batizei como equivalência simbólica aproximada. Porém vai até aí minha adoção deste pano de fundo, pois Müller pressupunha três experiências religiosas básicas: a física, através da adoração ou culto a elementos naturais, como pedras, árvores, montanhas; a antropológica, evidenciada na adoração ou culto dos heróis como semi-deuses ou deuses; e a teosófica, através da adoração de um deus transcendente, fora dos limites físicos e antropológicos. Este modelo, colocado nesta ordem, revela uma concepção evolucionista de religião. Esta, porém, não é uma concepção com a qual estou de acordo.

Como já visto anteriormente, Edward Tylor (1832-1917) concebeu a origem da religião na coincidência com a crença em espíritos, fossem de pessoas ou de animais, a influenciar a vida humana, e com os quais seria preciso ter uma relação correta e cultual. Já James Frazer (1854-1941) via na magia a forma embrionária da religião, como pré-ciência enquanto técnicas de dominar a natureza. Frazer fez a separação clássica entre magia e religião como estágios opostos, sendo a religião um modo superior de crença.

Partindo para o campo da filosofia, destaca-se, por primeiro, o alemão Ludwig Feuerbach (1804-1872), com sua assertiva de que a idéia de Deus é produto dos desejos humanos, uma projeção em um além sobrenatural dos anseios humanos. O ser humano projeta suas esperanças em deuses e outros mundos, ao invés de realizá-las.

Para Feuerbach, em suas palavras, a religião é a revelação dos pensamentos mais íntimos do homem e, como forem seus pensamentos, assim será o seu deus. Conhecimento de Deus é autoconhecimento.

O também alemão Karl Marx (1818-1883) segue raciocínio semelhante ao de Feuerbach e o desenvolve além. Para Marx a religião faz parte da estrutura do poder econômico. O capital e a propriedade precisam de defesa e, para tanto, lançam mão do poder militar e policial, do Estado e da religião, vista aqui como uma ideologia a serviço das camadas privilegiadas da sociedade. A religião prega a obediência e a disciplina para a salvação, atenuando o sofrimento e as injustiças presentes, levando ao conformismo e postergando – ou alienando – a vida justa para o além. Assim a religião tem funções de compensação psicológica. A religião, considerada como ideologia, deforma e inverte a realidade. Mesmo as percepções religiosas de denúncia da injustiça e promoção da justiça se resolvem em planos meramente ideais, teóricos. A religião é uma alienação na medida em que, através de seus mitos e ritos, aliena o ser humano dos processos históricos de luta por uma vida e sociedade justas e o remete ao metafísico em relação a esperanças e projetos. A libertação da ilusão da religião é a libertação para que o ser humano construa sua própria história sem projeções a-históricas.

Sendo a religião a esperança utópica diante da dura realidade – como consolo e compensação –, ela se mostra como sintoma de sociedade doente. A religião, para Marx, conduz a transferência das potencialidades humanas de poder e resolução de destino para as divindades. Portanto, deuses protetores se sustentam na carência da proteção do Estado e na fraqueza de determinação e organização das próprias pessoas. Servem, portanto, aos interesses da classe dominante, legitimando seu poder e privilégios, impedindo a revolta e mudança social. O destino da religião seria desaparecer com o avanço da justiça social.

Continuando na crítica germânica à religião, está Friedrich Nietzsche (1844-1900). Para este filósofo, o cristianismo anularia o ser humano em suas capacidades, potencialidades e dignidade. O cristianismo inibiria a criatividade, a liberdade e a espontaneidade da natureza humana, delegando ao ser humano sentimentos de impotência, servilismo e culpa. Seria preciso que um deus que faz do ser humano menos do que ele é, que o anula, fosse morto para que aparecesse o ser humano em sua plenitude, sem castrações, complexos ou mediocridade .

Dentre os estudiosos da virada do século XIX, destaca-se, também, o pesquisador francês Emile Durkheim (1858-1917). Para Durkheim os sistemas de crenças e comportamentos representam os valores ideais da sociedade. As liturgias e os mitos religiosos exercem funções de conservação e integração social, pois o indivíduo, em si, é fraco e incapaz, sendo dependente em relação à sociedade. Assim, o fenômeno religioso, através de mitos, ritos e narrativas de sentido, existe para estruturar a sociedade e o ser humano. O sagrado é a origem da ordem, fonte das normas e da harmonia social. É a condição para a sobrevivência da vida social. Durkheim anota essa tese observando sociedades arcaicas (em relação às modernas sociedades). Assim, aponta que toda sociedade arcaica estava estruturada pelo religioso. Porém, mais tarde, economia, arte, lei e outros elementos da constituição de sociedades se autonomizam e passam a prescindir de caráter sagrado ou religioso, como em sociedades secularizadas.

Um elemento importante na análise de Durkheim sobre o religioso na estruturação das sociedades é o totem, o objeto, animal ou vegetal que representa e "encarna" o ser ancestral do grupo humano e social. O totem é o antepassado mítico, originador da sociedade e das relações sociais. Sua função é unir a comunidade numa relação de mútua pertença e origem. O totem é o sagrado e determina o que é sagrado. Impõe tabus de comida e relações familiares, por exemplo, criando interditos e regras de pureza.

Outro cientista social que marca definitivamente os estudos sobre religião é Max Weber (1864-1920), com sua definição de tipos ideais em religião (sacerdote, mago, profeta) e suas relações de força e poder no campo religioso. Já abordei, anteriormente, este esquema importante no pensamento de Weber. Basta acrescentar, por hora, sua diferenciação entre religião ascética e mística, em que no tipo de vivência religiosa ascética o fiel busca controlar seus impulsos e mudar o mundo, agir sobre ele, como instrumento de Deus que se torna, enquanto na religião de tipo mística a postura prevalecente é a contemplativa, em que o fiel procura ser o receptáculo do divino, numa perspectiva mais unitiva, não necessariamente intentando transformar o mundo, porém, até mesmo, afastando-se dele como condição para o desenvolvimento religioso.

As análises da religião em Weber estão voltadas para explicar a incidência econômica sobre a religião e vice-versa.

Busca as raízes religiosas do desenvolvimento econômico e social e as raízes econômicas do desenvolvimento da história religiosa. Pretende, entre outras coisas, tornar evidente o processo de secularização do mundo impetrado por mecanismos internos no desenvolvimento das religiões, particularmente representados pelo estabelecimento do monoteísmo e da racionalidade protestante.

Mudando o foco das ciências sociais para as ciências da mente e do comportamento, destaca-se a figura do austríaco Sigmund Freud (1856-1939). Para o pai da psicanálise, a religião é uma ilusão que serve para consolar o ser humano perante o peso da vida e da realidade cruel que o cerca. A idéia da outra vida e de Deus faz com que o ser humano suporte melhor essa vida, com todas as suas incongruências. A religião seria uma projeção ilusória, pois com ela a mente humana alienaria as pessoas do real e da verdade cotidiana, numa espécie de fuga. A religião, assim, proviria de uma neurose universal de culpa que exige sacrifícios para a redenção.

A religião também, segundo Freud, é uma versão ampliada da imagem do pai humano, produzida de modo inconsciente num desejo infantil de proteção contra a dura realidade do mundo real e, por outro lado, na necessidade de aplacar a fúria do pai com sacrifícios. Assim, também para Freud a religião é uma espécie de projeção dos desejos humanos. Deuses e mitos substituem, simbolicamente, as relações do ego com parentes e autoridades na idade infantil, nos sentimentos de medo, castigo e amor. A religião levaria a regressão a um estado infantil ou uterino, proporcionando bem-estar às pessoas. A relação de amor, medo e castigo com deuses representaria e simbolizaria as relações parentais.

Os deuses nutrem a sensação de aceitação. Permitem a exposição da culpa e sua solução expiatória/sacrificial. Dão sensação de que os sacrifícios são aceitos e recompensados. Portanto, as imagens religiosas levariam a um estado de segurança pré-egóico, pré-independente, pré-emancipado. Deus é o ventre materno. Figuras de paraíso, comunhão divina e proteção são como formas de voltar ao seio nutricional materno.

Freud analisa os cultos de possessão – ou onde as emoções se tornam centrais – como formas de liberação orgiástica que dão vazão à libido, disfarçados sob o manto de um "outro". Seriam uma forma de burlar a ética ou burocracia estabelecida, dando vazão a sentimentos reprimidos.

Para Freud a religião inibe o livre pensamento, a independência e a maturidade da pessoa. Induz à culpa na formação da personalidade.

Cientista das funções da mente, como Freud, o suíço Carl Gustav Jung (1875-1961) vê a religião de forma distinta. Para Jung, no inconsciente humano estão modelos (arquétipos) religiosos que são comuns a todos os seres humanos. A religiosidade é o problema central da vida. Tem a religião sua raiz no inconsciente coletivo, que se mostra como o centro da tendência do eu em se desdobrar em direção à integralidade identificada com o numinoso. Jung percebia a dimensão religiosa do ser humano como uma função inerente à psique, isto é, um fenômeno legítimo e basilar do humano. A partir dessa percepção, Jung considerava todas as religiões válidas, pois que todas se utilizam de imagens simbólicas advindas do inconsciente, elaborando-as em mitos e doutrinas. O psicólogo suíço concebia os termos "Deus" ou "divindade" em sentido simbólico, como imagens psíquicas, como símbolos. O símbolo seria carregado de expressões que revelariam as estruturas do humano, em um modo de dizer impossível de ser dito racionalmente. Os símbolos possuiriam características de arquétipos universais e seriam produtos da experiência de grupos específicos, em tempos e lugares distintos, com suas sensibilidades próprias, mas convergentes em suas bases.

Para Jung o ser humano não é capaz de ser a-religioso por completo – mesmo que assim pense ser –, pois é, essencialmente nas profundezas de sua psique, religioso, tendo em seu ser mais profundo um dinamismo que o impeliria para o sagrado.

Cabe ainda citar, neste rasante e incompleto quadro de referências acadêmicas em relação à religião, o sociólogo alemão Peter Berger (1929-). Para ele, o ser humano, ao contrário dos demais animais, necessita de sentido, orientação, *nomos* (sentido, lei, ordem). Caso contrário, sente a anomia, cujo resultado pode ser o niilismo ou o vácuo.

A sociedade – leis, tradições, costumes, cultura, família, objetivos de vida – serve para nomizar a vida, dar estrutura ao mundo e ao ser humano, dar significados à existência. Aí se encontra a religião, com força maior. Por quê? A religião pretende nomizar o mundo construído por ela religiosamente como algo óbvio, natural. Para conseguir este intento, coloca a ordem cultural alicerçada pela religião como advinda de fontes a-históricas, supra-naturais, derivadas dos deuses. Sem esta linguagem e justificativa a-histórica, toda construção de mundo se torna humana e, portanto, relativa e falseável.

Portanto, é preciso objetivar/ontologizar a realidade através do eterno, de instâncias fora da sociedade. Este nomos objetivado deve ser mantido como plausível, ou seja, verdadeiro e sem falhas, através da conversação/legitimação, por liturgias, ritos, educação, tradições, que visam interiorizar este mundo religioso e eterno nas pessoas. Estas práticas devem silenciar as dúvidas, fazendo do nomos, das imagens e doutrinas religiosas algo auto-evidente.

A religião também dá, deste modo, suporte para enfrentar crises e experiências-limites. Para momentos como os de injustiças, morte, doenças, acidentes, a religião protege o nomos através da teodicéia. Dá um sentido explicativo às situações-limites ou inexplicáveis da vida (vontade de Deus, justiça divina pós-morte, juízos impenetráveis de Deus, *karma*, pecados passados etc.). Enfim, a religião dá condições – pois explica e dá sentido – para suportar o sofrimento.

# 3

# As linguagens da religião: Aproximação de seus sentidos

O símbolo, o mito, o rito e a doutrina formam as linguagens fundamentais da religião, como já observado na segunda parte desta obra. Se, no primeiro momento, foi necessária a leitura de alguns clássicos e suas interpretações, e destacou-se a importância da experiência religiosa como lugar de compreensão do que a religião é, agora é necessária a reflexão sobre as religiões fundamentais da religião. Sim, porque, como já afirmado, é importante compreender a religião, levando-a a sério, criando procedimentos que dêem conta do que ela diz acerca de si mesma. Naturalmente não para reproduzi-la, mas para melhor compreendê-la.

Há um consenso entre os estudiosos de que as linguagens fundamentais da religião são o símbolo, o mito, o rito e a doutrina. Para uma visão didática e introdutória sobre as linguagens ainda vale o bom livro de Croatto. Meu enfoque é de outra natureza ao livro de Croatto, apesar de, em alguns pontos, nossas teses e interpretações possuírem coincidências de fácil constatação pelo leitor. Aqui aprofundo um pouco mais questões sobre símbolo, mito e rito já apresentadas no bloco anterior.

Primeiro é importante destacar esta relação intrínseca entre as quatro linguagens. A religião é, fundamentalmente, uma linguagem do ser humano, como já foi dito, a constitutiva da vida, e ela se manifesta especialmente por meio do símbolo, como linguagem matricial de todas as demais. Aqui estamos no campo da linguagem icônica, das metáforas, das associações; por meio de todas temos indicação e participação do que é religião. O símbolo não está situado em nenhum lugar de forma dogmática – já não seria mais símbolo –, mas vive e respira na experiência religiosa e nas diferentes formas de os sujeitos religiosos tentarem indicar a presença do sagrado. O mito, por sua vez, é a primeira interpretação da vida, da religião. Ele não é a explicação do passado, é, antes, a interpretação do presente, da forma como nos entendemos no mundo; é uma narrativa que inscreve plausibilidade ao viver e sentir o mundo. O rito, bem mais que teatralização do mito e do símbolo, é inscrição pública do compromisso com a divindade. O rito é o corpo expressando sua reverência, sua atenção. Rito é corpo interpretando. A doutrina é a última das linguagens religiosas, a mais restritiva, a mais voltada para delimitar, cercear, marcar as identidades tuteladas pela religião. É a que transforma a experiência em verdade a ser ensinada e tornada normativa. Há estudos que começam pela doutrina, e não é difícil identificar muitos dos trabalhos teológicos como tentativas de atualização das interpretações consideradas doutrinárias. Doutrina é desdobramento natural das religiões, mas somente em algumas ela assume o papel de ser tutela das linguagens que lhe antecedem.

O símbolo é a linguagem mais aberta à polifonia das aproximações das leituras. Isto não deve ser entendido como linguagem sem importância, pelo contrário. O poder de o símbolo ser esse tipo de linguagem não se dá por sua secundária importância, mas justamente pelo poder que ele tem de dar sentidos profundos ao existir humano comunitário. As comunidades se reúnem primeiramente em torno de símbolos que têm o poder de ligar, de juntar partes e corpos em torno do sagrado. Tomemos como exemplo o símbolo da ceia, elemento central da fé cristã, mas que tem correspondência em todas as religiões conhecidas. Não há religião sem comensalidade, ainda que muitas também cultivem o jejum. Mas tratemos do símbolo da ceia, um símbolo poderoso e que, ao ser interpretado dentro da rigidez doutrinária, produziu várias divisões e distanciamentos entre famílias cristãs. Por ser símbolo religioso, a ceia tem, já nos seus primórdios, uma variedade de interpretações nos textos do Novo Testamento da Bíblia. Em um texto está relacionada à páscoa, em outro à divisão entre ricos e pobres da comunidade, em outro se aproxima da identidade religiosa do grupo. O símbolo dá o que pensar. Apesar da variedade de interpretações, não podemos esquecer que só é símbolo porque tem elementos comuns e universais. O material e o espiritual, pão e corpo, confundem-se, ambos nos colocam no ambiente da relação com o sagrado; ambos nos fazem participantes de sua vida, sua morte, sua ética, seu projeto; criam e cultivam comunidade, pois símbolo é juntar partes, pessoas, experiências. Neste sentido, o símbolo, segundo Tillich, mais do que apontar para algo, para uma realidade que me transcende, faz-me participar dela, faz-me interagir com o sagrado, ao mesmo tempo que interajo com a comunidade. Que isso pode ser distorcido e corrompido, não nos faltam exemplos na história, mas o alcance universal do símbolo não se dá pelos exemplos das corrupções em torno de sua celebração, mas de seu alcance universal e comunitário poderoso.

A segunda linguagem da religião, o mito, é sua primeira narrativa oral e textual. É a primeira grande interpretação humana sobre a condição humana e sua relação com os deuses. Os mitos também têm um caráter universal, mas devem ser entendidos dentro das situações culturais e históricas específicas nas quais foram narrados e desenvolvidos. Falam fundamentalmente da situação humana, buscam uma explicação e o fazem da única forma que é possível: lançando mão da linguagem icônica. Não concordo com a idéia de que os mitos falam principalmente dos gestos dos deuses a serem repetidos pelos seres humanos. Eles falam dos dilemas humanos na sua relação com a divindade e com o mundo, com sua história. Não vejo, portanto, uma relação de antinomia entre mito e história, mas de profunda relação entre ambos. Os mitos apontam para os nossos dilemas insuperáveis, mas ao mesmo tempo para o mundo dos nossos desejos não totalmente satisfeitos.

Tomo um mito bastante conhecido para exemplificar o que é pensado quando é feita a referência à linguagem mítica como linguagem fundamental da religião. O mito de Adão e Eva no paraíso é um belo mito. Foi a primeira grande forma de Israel interpretar seu papel dentro da história; sabemos disso dos muitos trabalhos sobre a teologia da Bíblia Hebraica. Mas, lembremos, ainda é mito, não é teologia desenvolvida. Por ser mito, é a primeira grande explicação acerca da condição humana diante de Deus e do mundo. Alguns aspectos podem rapidamente ser destacados. Em primeiro lugar, temos a criação arriscada de humanos que desejam. A proibição sobre o fruto é porque o ser humano é um ser de desejos. Ao mesmo tempo, a realização do desejo sempre gera a ambigüidade. Conhecer o bem e o mal provoca a expulsão do paraíso. Quem sai do paraíso? Adão, Eva e Deus. O desejo do conhecimento é um desejo fundamental do ser humano, está em seus códigos mais profundos, não pode ser negado por nenhuma repressão. Nascemos desejosos de conhecer, mas o conhecer não se dá, muitas vezes, sem a dor. Ficar no paraíso é ficar com um projeto que não é fabricação humana, mas empréstimo divino. Conhecer e, por conseguinte, sair do paraíso é saber que o que fazemos, o que construímos, tem a marca da ambigüidade, da contingência, mas sem conhecer não há projeto humano em movimento, em realização, em tornar-se história. Ao dar este passo tem-se, porém, de saber as conseqüências. Sair do paraíso é construir um mundo para si, e não existe mundo criado que não seja, ao mesmo tempo, uma peregrinação das contingências. Deus não fica no paraíso, ele partilha a história fora do paraíso com o ser humano. A história fora do paraíso é a história de Deus e dos seres humanos. A idéia da queda e do pecado original só dá conta parcialmente da beleza e da profundidade desse mito. Mais do que uma queda acontecida num tempo cronológico específico, o mito nos fala de nossa condição fora do paraíso, com o nosso projeto humano em pleno desenvolvimento e, por isso, em plena ambigüidade e contingência.

# 4

# O monoteísmo como anti-religião

Neste momento, faz-se oportuna a inserção de uma reflexão sobre o monoteísmo como uma espécie de anti-religião. Minha abordagem sobre o monoteísmo é extremamente dependente das provocativas e criativas teses de Jan Assmann, de alguns de seus críticos, de Theo Sundermeier e de Régis Debray. Apesar disso, centro minha tese não no desenvolvimento do monoteísmo, como fazem Assmann e Debray, mas no seu papel crítico de, ao surgir e se articular, estabelecer uma crítica à religião, assumindo o papel de contra-religião em nome da fé, da revelação e do pacto com o Deus. Creio que esse papel de ser contra a religião faz do monoteísmo uma experiência singular no mundo da religião e o torna fonte das muitas críticas às experiências e manifestações religiosas, inclusive na sua própria.

Segundo Assmann, o monoteísmo, assim como apresentado na Bíblia, não é fruto de uma evolução religiosa, mas de uma revolução, de uma interrupção, algo incomparável nas teologias do Antigo Oriente, com a exceção da reforma teológica de Achenaton do Deus Sol, com grandes e profundas conseqüências para a história da religião. "Em algum ponto da Antigüidade – a datação oscila entre o período do bronze tardio e a alta antigüidade – aconteceu uma mudança mais influente que todas as transformações políticas que influenciaram o mundo no qual vivemos. É a mudança de uma religião politeísta para uma monoteísta, de uma religião do culto para uma religião do livro, resumindo: de uma religião primária para uma secundária".[14]

Sabemos que esta é uma página por demais polêmica na relação entre os monoteísmos e as outras religiões. Não esqueçamos que boa parte do universo conceitual desenvolvido no Ocidente acerca da religião e da experiência religiosa faz parte da invenção européia moderna acerca do outro, e isto a partir de um lugar religioso ou secularizado próprio: o do mundo cristão. Essa relação, já indicada anteriormente, precisa, agora, ser discutida a partir de outro aspecto: o monoteísmo é um tipo de religião que traz consigo uma grande herança de anti-religião. Ao emergir no cenário das religiões mundiais, ele o faz negando as demais e negando quaisquer outras possibilidades de salvação a outras mediações religiosas, mas também criando vários mecanismos e imperativos de obediência, observância da lei e da exclusividade do seu Deus. Se em todas as religiões encontramos

---

[14] ASSMANN, Jan. *Die Mosaische Unterscheidung. Oder der Preis des Monotheismus*, p. 11.

um grande acervo ético, no monoteísmo isto é alimentado pela relação de exclusividade com o Deus único. Mais do que pureza ritual, obediência à lei; mais do que compromisso com seu Deus, sentimento de exclusividade; mais do que aumento da tradição gestual como representação da relação com a divindade, inscrição no coração e sentimento de pertença; mais do que sentimento de união ao cosmos divinizado, estranheza ao mundo; mais do que repetição simbólica, aprendizado e hermenêutica.

Sabemos que Max Weber, em seus estudos monumentais sobre o cristianismo e o judaísmo, estabelece a relação entre formas de religião e racionalidade burocrática. Minha inspiração é outra e vem dos estudos egípcios de Jan Assmann e da midialogia de Régis Debray. Assmann, em seus estudos, destaca o *novum* com o advento do monoteísmo, chamado de diferenciação mosaica.[15] Seguindo

---

[15] ASSMANN, Jan. *Die Mosaische Unterscheidung. Oder der Preis des Monotheismus*. München: Carl Hanser Verlag, 2003, p. 11. Outros livros importantes de Assmann pela mesma editora: *Moses der Ägypter* (1998), *Ägypten* (1996), *Herrschaft und Heil* (2000). Mais recentemente: *Monotheismus und die Sprache der Gewalt*. Wien: Picus Verlag, 2006. Críticas importantes ao pensamento de Assmann. RENDTORFF, Rolf. Ägypten und die Mosaische Unterscheidung, in: BECKER, Dieter (Org.). *Mit dem Fremden leben*. Erlangen: Erlanger Verlag für Mission und Ökumene, 2002, p. 113-122. ZENGER, Erich. Was ist der Preis des Monotheismus, in: Herder Korrespondenz. *Monatshefte für Gesellscahft und Religion*, Heft 4 de abril de 2001, p. 186-191. KOCH, Klaus. Monotheismus als Sündenbock, in: *Theologische Literaturzeitung. Monatsschrift für das gesamte Gebiet der Theologie und Religionswissenschaft*, Heft 9, September 1999, p. 874-884. KAISER, Gerhard. War der Exodus der Sündenfall?, in: *Zeitschrift für Theologie und Kirche*, Heft 1, 2001, p. 1-24. KUSCHEL, Karl-Josef. Moses, Monotheismus und die Kultur der Moderne, in: OEMING, Manfred/SCHMID, Konrad/WELKER, Michael (org.). *Das Alte Testament und die Kultur der Moderne*. München: Lit Verlag, 2003, p. 273-286.

um modelo de Theo Sundermeier, Assmann distingue entre religião primária, caracterizada pela pertença intrínseca a uma cultura, e religião secundária, advinda de um ato revelatório, assim como entendido pelos adeptos, o qual é visto como ruptura – cisão com a visão estabelecida – por vezes, hegemônica da cultura reinante. Religiões secundárias são mundiais e do livro, religiões primárias são cultuais e geograficamente circunscritas. As religiões secundárias são monoteístas, rompem com a idéia de que a religião está inscrita indissoluvelmente num determinado sistema cultural e transgridem suas origens culturais para se firmarem como religiões mundiais. Karl Jaspers nomeou esta mudança como axial na história das religiões, e Max Weber, em seu conceito de racionalização, identifica o fenômeno como parte do processo de desencantamento do mundo. Não devemos, porém, confundir a tese de anti-religião com a do desencantamento do mundo. A tese inclui o processo de secularização como potencial, mas seu foco é claramente para a relação com as outras religiões, e como a religião pode ser vista, sempre sob suspeita.

Aqui é importante, segundo Assmann, a distinção entre falso e verdadeiro, e não somente a diferença entre Deus único e deuses diversos. Isto porque em todos os monoteísmos – ainda que haja uma longa discussão se, de fato, o Budismo pode ser considerado uma religião e, mais, um monoteísmo; se o Judaísmo é realmente uma religião mundial; se o Cristianismo realmente é monoteísta – há um conceito apaixonado de verdade e, por conseqüência, uma divisão radical entre o verdadeiro e o falso, e a idéia de que a religião pode ser tomada pela corrupção, que a religião pode ser engano e farsa. "Esta verdade exclusiva é na verdade o novo, e seu caráter inovador, exclusivo e excluidor, emerge na forma de sua comunicação e codificação."[16] Somente essas religiões criaram um arsenal lingüístico para identificar sua suspeita acerca da própria religião, tais como herege, pagão, falsa doutrina, seita, superstição, idolatria, magia, descrença, ignorância, bruxo. Esta diversidade lingüística para identificar aquilo que ameaça é, ao mesmo tempo, um testemunho não somente sobre o outro, mas também sobre como a religião é vista, investigada e criticada. Isto não funciona somente como visão da outra religião, mas também da alteridade dentro da própria religião que critica. Se considerarmos com cuidado as diferentes identificações das ameaças, veremos que algumas delas são internas, voltadas contra a própria religião.

Uma das formas mais importantes para acompanhar o desenvolvimento do monoteísmo é a relação entre ética e religião. "A diferença entre Israel e os povos é radicalizada em diferença entre verdade e mentira, entre bênção e maldição. Neste contexto surge o conceito de idolatria no sentido de um critério universal válido da religião verdadeira. O conceito de idolatria apresenta-se com o surgimento do monoteísmo exclusivo, o que significa não somente adorar exclusivamente Javé ao lado de outros deuses, mas negar categoricamente a existência de outros deuses e, desta forma, acusar as outras religiões de ado-

---

[16] Assmann, Jan. *Die Mosaische Unterscheidung*, p. 14.

rarem falsos deuses, cuja conseqüência é de envolver-se cada vez mais com todas as formas de maldade, mentira e morte. Com o monoteísmo como idéia reguladora, falta às outras religiões, e este é o centro desta crítica, qualquer orientação ética."[17]

Naturalmente, Assmann sabe que monoteísmo e politeísmo são conceitos tardios, advindos dos debates dos séculos XVII e XVIII. A questão não é do purismo e da precisão do conceito, mas de identificar uma visão religiosa determinante na mudança do mundo das religiões. Isto significa evitar a discussão se o conceito monoteísmo é o mais acertado. O que interessa a Assmann é entender essa visão de mundo marcada pela exclusividade e por um profundo conceito de verdade, de falso e verdadeiro. Não que falte busca da verdade em outras expressões religiosas, mas no monoteísmo essa busca encontra uma resposta na autoridade da revelação, na exclusividade do seu Deus, na separação do mundo, na profunda convicção da verdade ligada a uma distinção categórica entre o falso e o verdadeiro.

## Relação entre monoteísmo e violência

Uma das páginas importantes a respeito da discussão sobre o monoteísmo como "saída" da religião é a da relação entre monoteísmo e violência. Meu interesse, nesta parte, é refletir sobre alguns aspectos dessa relação,

---

[17] ASSMANN, Jan. *Die Mosaische Unterscheidung*, p. 47.

especialmente com a reflexão sobre o papel do símbolo. Parto do princípio de que há uma simbologia com forte potencial de violência no monoteísmo. Naturalmente, o leitor não deve entender esta reflexão como uma visão absoluta do autor, como se este restringisse o monoteísmo à violência. Minha questão é oriunda de outra perspectiva: na tradição e na simbologia do monoteísmo há elementos fortíssimos de violência, algo que deve ser estudado e refletido cuidadosamente por todos que têm um vínculo com a fé.

É preciso definir os conceitos, antes que seja empreendido o esforço de interpretação sobre alguns dos aspectos implícitos no tema proposto. Algo que deve ter-se tornado objeto de consenso no estudo da religião e da reflexão teológica mais crítica é que a tradição judaico-cristã carrega consigo uma herança de violência em sua história. Até aí, nada muito diferente de outras religiões, não de todas. Uma leitura rápida e superficial da história ocidental revela o caráter violento de muitas das manifestações do judaísmo e do cristianismo. Não foi somente das páginas gloriosas do martírio que viveu essa tradição, mas também da morte aparentemente sem sentido, da humilhação imposta a outros, da execração de alteridades, da destruição. Violência é algo do qual entendemos bem na tradição judaico-cristã. Se isto pertence à história dessa tradição, qual o sentido de falar em violência simbólica? Seria violência simbólica um produto desta violência histórico-social, aparentemente mais visível e concreta, inegável para quem estuda os caminhos da tradição judaico-cristã?

Falar de violência simbólica e da relação entre símbolo religioso e violência é tocar na primeira linguagem da religião: o símbolo. O símbolo convida para a reunião, para o cruzamento das partes rompidas, dos acordos desfeitos, o que o torna um aspecto fundamental da religião, segundo Croatto, sua primeira grande linguagem. "O símbolo é a chave da linguagem inteira da experiência religiosa. Assim como a experiência da Realidade transcendente (o Mistério ou qualquer que seja o seu nome) é o núcleo do fato religioso, o símbolo é, na ordem da expressão, a linguagem originária e fundante da experiência religiosa, a primeira e a que alimenta todas as demais."[18] É preciso, porém, incluir uma visão mais ampliada do símbolo, visto que este não é somente uma linguagem religiosa, mas, de certa forma, é a religião em seus aspectos primordiais. Em virtude de sua relação intrínseca com a dimensão do mistério e do sagrado, a religião vive em símbolos. "A religião fornece nome ao inominável, uma representação ao irrepresentável, um lugar ao ilocalizável. Realiza e satisfaz, ao mesmo tempo, a experiência do Abismo e a incapacidade de aceitá-lo (...). Ela é, por excelência, a apresentação/ocultação do caos. Constitui uma formação de compromisso, que prepara ao mesmo tempo a impossibilidade para os humanos de fecharem-se no aqui-e-agora de sua existência real e de sua impossibilidade, quase igual, em aceitar a experiência do Abismo."[19] O símbolo na religião

---

[18] CROATTO, Severino. *As linguagens da experiência religiosa*, p. 81.
[19] CASTORIADIS, Cornelius. *Os destinos do totalitarismo e outros escritos*, p. 113.

é algo que conhece as formas arquetípicas, é vivenciado nas diferentes mudanças culturais, é redimensionado nas biografias, pois ele é a mais alta expressão daquilo que é religião. O símbolo aponta para esta necessidade religiosa que não se conforma em reconhecer uma transcendência sem relação; ele teima justamente em superar a distância, em aproximar longitudes, ainda que as respeitando. Ao fazer isso, a religião "(...) corresponde à recusa dos humanos em reconhecer a alteridade absoluta, o limite de toda explicação estabelecida, o avesso inacessível que se constitui em todos os lugares a que chegamos, a morte que habita em toda a vida, o não-sentido que margeia e penetra todo sentido".[20]

É importante acentuar que a questão do símbolo não se restringe aos limites da indicação, da informação, mas da participação. "O símbolo, energizado pela metáfora, comunica não simplesmente uma idéia do infinito, mas certa realização do infinito."[21] O símbolo nos faz participar daquilo para o qual aponta. Eis aí algo de fundamental importância para a compreensão do poder que determinadas imagens têm na construção de sentido de mundo. Desta maneira, o símbolo não é algo que possa ser superado conceitualmente por uma teologia considerada padrão para práticas de um grupo ou de grupos em determinada tradição religiosa. Tampouco o símbolo pode ser descartado pelos inconvenientes que ele traga consigo ou pelas

---

[20] CASTORIADIS, Cornelius. *Os destinos do totalitarismo e outros escritos*, p. 113.

[21] CAMPBELL, Joseph. *Isto és tu. Redimensionando a metáfora religiosa*, p. 35.

múltiplas associações que ele desperte. Ele se encontra na zona dos sentidos fundamentais, das imagens que oferecem as formas incontornáveis de uma cultura, das dimensões arquetípicas de uma civilização, daquilo que fornece as maneiras e os conteúdos mais relevantes na elaboração de uma visão de mundo, de divindade, de experiência religiosa. O símbolo dá constantemente o que pensar, é a teia na qual existimos. Interpretar o símbolo é, pois, trabalhar com oferta de sentido, maneiras de leitura e compreensão. Mas é sempre importante considerar que as formas específicas, através das quais os sujeitos religiosos se apropriam dos símbolos e suas associações, assumem feições próprias, constroem manifestações concretas a serem mais bem estudadas em ensaios apropriados para este fim.

Discutir o tema da violência simbólica é algo que pode evocar várias associações e interpretações; por isso o primeiro passo foi delimitar o sentido de símbolo para em seguida matizar o tema da violência e sua relação com o símbolo. Coloco duas perspectivas ao me aproximar do conceito de violência simbólica e usá-lo neste ensaio. Em primeiro lugar, violência simbólica significa as expressões e os elementos da estrutura simbólica – especialmente as suas expressões em forma de narrativa fundant, mítica – que trazem no seu bojo sinais e, por conseguinte, potencial de violência social, política e cultural. Não uso violência simbólica somente como usurpação simbólica da alteridade religiosa – o que significaria um bom conceito e que estaria relacionado mais às formas históricas pelas quais as religiões (em especial as monoteístas) usurparam o universo simbólico do outro –, mas antes concentro neste ensaio os aspectos presentes na estrutura simbólica da tradição judaico-cristã que possibilitaram, alimentaram e sedimentaram as imagens violentas no imaginário e nas práticas das pessoas e comunidades. Este aspecto é de fundamental importância para o desenvolvimento da presente reflexão. Seria mais cômodo falar de violência simbólica enquanto usurpação dos símbolos de tradições religiosas consideradas concorrentes. O pressuposto é, porém, nesta reflexão, de outra natureza. Muito mais importante para a tematização da violência é estabelecer a relação de práticas violentas com a estrutura simbólica, é mostrar que a violência faz parte da estrutura simbólica da religião e não é somente algo periférico aos seus elementos constitutivos fundamentais.

Parto, portanto, do pressuposto de que a história de violência imposta aos pensamentos desviantes internos e às alteridades, violência essa que assumiu feições de extrema crueldade e que hoje ainda teima em fazer calar iniciativas mais ousadas pela real convivência fraterna entre as diversidades, é, em parte – e quero frisar em parte – diretamente relacionada à violência simbólica aqui entendida como elementos dentro de uma estrutura simbólica, especialmente as narrativas fundacionais de uma tradição, no caso a tradição judaico-cristã, que sedimenta, alimenta e insufla as práticas violentas. Parafraseando Debray: símbolos transformam-se em forças sociais. Ou recorrendo à tese de Hannah Arendt sobre o nazismo: o nazismo não foi um acidente ou uma expressão bárbara da cultura alemã, mas um desdobramento "natural" da forma como a cultura foi construída também nas suas dimensões simbólicas. Colocando em nosso contexto latino-americano, a espoliação e expropriação dos indígenas por parte dos portugueses e espanhóis não foram um acidente, um equívoco, mas extensão da lógica dominante e da estrutura simbólica religiosa da época.

A partir dessa definição mínima, apresento aqui a minha hipótese central para esta reflexão: a tradição judaico-cristã vive, em grande parte, numa estrutura simbólica que tem na violência um de seus pilares. Sem violência não há salvação no cristianismo, não há divindade, não há antropologia. A violência não é um acidente de percurso ou uma anormalidade surgida como corrupção de princípios bons e ideais nos primórdios, dissociado de imagens violentas. A estrutura simbólica convida à guerra, o símbolo da cruz está marcado pela morte, a lógica sacrificial é operante, o castigo eterno é violento. Este dado é importante porque a reflexão teológica ou outras leituras da religião devem pressupor primeiramente a compreensão do significado do símbolo na religião. Normalmente a linguagem teológica tem-se concentrado nas formas doutrinárias de interpretação do símbolo, esquecendo que a doutrina é, dentre as linguagens da religião (símbolo, mito, rito e doutrina) a mais restrita, porque mais condicionada pelos interesses eclesiásticos e pelos campos de normatividade da tradição. Ao lidarmos com o símbolo, fazemo-lo, normalmente, infelizmente, a partir de certa assepsia doutrinária e a partir de parâmetros de normatividade bem definidos. Neste sentido, o trabalho hermenêutico pode tornar-se um ato de estranhamento em relação aos aspectos mais profundos da religião, que residem justamente nas primeiras três linguagens da religião. De certa forma, foi mais fácil para a teologia construir seu discurso pressupondo parâmetros rígidos, em vez de lidar diretamente com o universo que é considerado mais diluído e, por conseguinte, equivocadamente mais abarcador, justamente o do símbolo. Essa prática da interpretação teológica distanciou-se de uma leitura da religião dentro de seus marcos referenciais maiores. O símbolo não é confuso, é polissêmico; não é unidirecionado, mas associativo; não evoca somente uma única imagem, mas diferentes ícones. Antes, porém, de qualquer função específica, o símbolo é constitutivo de sentido vital, mas o sentido vital pode exigir as leituras para as diferentes formas de morte que subjazem à estrutura simbólica da religião.

A relação entre aspectos da tradição judaico-cristã e o fenômeno da violência é, muitas vezes, de um enorme fascínio. A destruição do mundo e o resgate de uma família, o bom e belo êxodo da libertação acompanhado da espoliação e invasão, a destruição da terra e dos céus para, enfim, a chegada do paraíso e a destruição dos que praticam coisas inaceitáveis pela moral cristã fazem parte desse fascínio. Tal fascínio deveria evitar a idéia de que chegamos a uma solução deste dilema se tivermos uma boa explicação de modelo de sacrifício como suplantador de todos os sacrifícios, assim como fazem René Girard e Franz Hinkelammert. É cômodo partir do pressuposto de que o sacrifício do cristianismo é um anti-sacrifício, é o fim dos sacrifícios, mas isto pode ser bastante relativizado a partir de uma linguagem doutrinária baseada no amor, que deixa de lado a complexidade da religião, da não-linearidade da experiência religiosa e da estrutura simbólica.

Fato é que nos movemos dentro de uma estrutura de símbolos e de configurações históricas bem concretas em que a violência é parte integrante da religião, e assim o é porque é parte integral da própria vida. Seja no universo mítico-simbólico, seja na construção da história concreta, as imagens de terror e tortura, as invasões e os sofrimentos, as marcas da violência passaram a ser elementos fundamentais e, em alguns casos, fundacionais da tradição judaico-cristã. Não seria muito proveitoso, do ponto de vista da construção do conhecimento sobre a religião, que, a *priori*, tivéssemos uma boa explicação de cunho antropológico ou exegético para as várias manifestações da violência e de seu fascínio na tradição judaico-cristã e, com isso, achássemos uma aparente solução para o problema da violência nesta tradição, a partir de um ponto que seria considerado uma suspensão conceitual da realidade e dos elementos indesejáveis da estrutura simbólica. O máximo que conseguiríamos seria uma explicação aceitável pelos pares. A saída que muitos encontram para o dilema é desdizer a violência através de exegeses pouco atentas à complexidade simbólica da religião; e nunca nos esqueçamos de que a exegese funcionou como exercício interpretativo de um determinado programa teológico, basta comparar a diferença entre as exegeses construídas dentro do programa de uma teologia dialética protestante e aquelas elaboradas num programa da teologia da libertação. Os textos dizem o que têm de dizer, o que se espera deles no programa teológico hegemônico. Mas religião é outra coisa. O que importa à religião é a forma como suas memórias são construídas e suas imagens representativas são elaboradas e transmitidas. Muitas de nossas memórias e imagens são marcadas por um fascínio pela violência, porque a violência é constitutiva de nossa estrutura simbólica.

O fascínio pela violência inclui uma estética masoquista do martírio, um Deus que nos salva matando o filho, uma cruz que todos nós devemos carregar, imagens de muitos inimigos da fé, do mundo que precisa ser odiado e da morte dos infiéis. Em muitas pinturas da Idade Média, por exemplo, encontramos afrescos representando o martírio de santos e santas, numa forma de representação tal que o que temos é, sem dúvida, uma estética da violência em códigos religiosos. O martírio é belo. É para olhar, contemplar e desejar.

Muitas outras representações nas narrativas atestam o que estou dizendo: a divindade da tradição judaico-cristã assume feições ciumentas, vingativas, beligerantes. As grandes características das culturas plasmaram a tradição judaico-cristã, mas também receberam decisivas influências desta. Numa sociedade guerreira emerge a divindade autoritária e militar; numa cultura com forte pensamento sacrificial a divindade salva ao matar ou permitir a morte. Alguns dirão que isso está no campo das influências entre cultura e prática religiosa, mas há algo mais a ser pensado: essas crenças constituem nossas estruturas simbólicas mais profundas e transformam-se em herança permanente da fé e da reflexão teológica.

A violência como elemento fundamental de símbolos religiosos aponta para dois aspectos na tradição judaico-cristã: 1) O ato de matar e ser morto torna-se uma pedra de toque da existência e do imaginário. A violência aqui se torna estética e religiosamente desejável, mais até, objeto de veneração e fascínio. A relação com a idéia de salvação, sacrifício etc. é intrínseca. Só somos salvos por aquilo que nos fascina. 2) A construção de um caráter exemplar, que deverá ser seguido por aqueles que abraçam essa estética da violência. O mito vira ética, o símbolo é decodificado em prática, a violência simbólica passa a ser padrão de comportamento.

O sacrifício de Cristo é um dos centros da memória cristã. É sabido que a teologia contemporânea, incluindo a Teologia da Libertação, tem encontrado formas não sacrificialistas para interpretar a morte de Cristo. O destaque maior é dado justamente ao aspecto da memória perigosa dessa morte. Em outras palavras, a morte de Cristo é fruto de uma vida perigosa. A questão é que na estrutura simbólica, que tem na violência um elemento fundamental, a interpretação passa por outros códigos, e o símbolo, por ser polissêmico, abre várias perspectivas de interpretação. Uma delas é a associação que a violência praticada por judeus a Jesus Cristo deveria receber uma vingança histórica, recurso usado não somente por Hitler, mas que esteve presente em algumas das boas interpretações de teólogos na história do cristianismo. Uma outra forma de interpretação do símbolo é a possibilidade de usar a crucificação como forma de evangelização. Segundo esta visão, a pessoa poderia, no momento de crucificação, descobrir o salvador crucificado, maior representação do amor de Deus no mundo.

É importante perceber esta ambigüidade presente no cristianismo: o símbolo em torno do sacrifício, e que tem na violência um de seus pilares, é maior do que aquilo que consideramos o centro do próprio cristianismo: as narrativas em torno de Jesus Cristo. Aliás, as imagens sacrificialistas e violentas pertencem aos aspectos estruturantes dessas narrativas. A teologia normativa não oferece muitos subsídios para lidar com a complexidade desta estrutura simbólica complexa e dinâmica, pois ela se concentra em um ou outro aspecto dessa tradição.

Acho importante destacar que não temos como sermos radicalmente marcionistas. Para mim, foi Marcião um verdadeiro clássico da teologia, no sentido de fazer as perguntas mais relevantes, e mesmo que não concorde com todas as suas respostas, concordo plenamente com a sua pergunta: que fazer com as imagens cruéis e desgraçadas de Deus? Como reunir as imagens de profundo afeto com aquelas de profunda intolerância? Todos nós procuramos soluções marcionistas do tipo: façamos uma seleção dos textos libertadores; fiquemos com o Novo Testamento; não abordemos os textos que falam da crueldade de Javé. Todas elas são soluções marcionitas.

Religião lida com as questões vitais. Uma religião que não lide com o tema da violência, incorporando-a às dimensões profundas da divindade, não teria como ser relevante para o cotidiano das pessoas num contexto violento, semita e posteriormente ocidental. Lembremo-nos: A tradição semita é a única das grandes tradições culturais e religiosas que dá ênfase a uma relação eu-Tu (transcendência). Uma face somente amorosa e piedosa desta divindade representaria uma profunda assimetria para com a realidade das pessoas. "De todas as tradições que estudei minuciosamente, a semita é a única na qual as regras do jogo exigem que a divindade seja considerada como absolutamente o outro."[22] É, porém, uma alteridade que consegue captar e potencializar dimensões profundas da própria vida das pessoas que com ela se relacionam. Uma das origens para isso é que para os semitas era uma divindade patrona da tribo. A rigidez das leis sociais e religiosas é fruto desta forma de conceber a divindade. Além disso, é importante essa imagem da divindade patrona da tribo já ser construída em processos militares e em lutas internas. Em outras palavras: as imagens violentas em torno da estrutura simbólica da tradição judaico-cristã residem em seu âmago, não são algo periférico ou que possa ser superado por uma das representações dessa divindade, no caso a imagem de Jesus de Nazaré. Se fosse assim, poderíamos crer que a teologia normativa resolve o problema da ambigüidade e polissemia do símbolo. O que não é verdade. A teologia é somente um exercício hermenêutico na forma de interpretar e acompanhar as práticas em torno de estruturas simbólicas. Religião é algo mais amplo que

---

[22] CAMPBELL, Joseph. *Isto és tu*. Redimensionando a metáfora religiosa, p. 93. DEBRAY, Régis. *Deus. Um itinerário*. São Paulo: Companhia das Letras, 2004. ARMSTRONG, Karen. *Uma História de Deus*. Quatro milênios de busca do Judaísmo, Cristianismo e Islamismo. São Paulo: Companhia das Letras, 1994.

a teologia, o símbolo da cruz é algo mais complexo que o significado teológico da cruz de Cristo, a estrutura simbólica que inclui a violência da vida divina mais rica que o rosto amoroso de Deus. Tudo isto habita na vida religiosa, no cotidiano das pessoas. Violência e amor, ódio e paixão, sofrimento e bálsamo, condenação e perdão não são universos díspares e princípios antagônicos. Todos eles estão na estrutura simbólica da tradição judaico-cristã e todos eles estão contidos na própria vida humana.

Nesse sentido, quão ingênua pode ser a ética imperativa: faça isto ou faça aquilo, cumpra a verdadeira ordem de Deus, obedeça à lei do amor etc., pois coisas aparentemente antagônicas pertencem a uma mesma estrutura simbólica, elas não se enfrentam enquanto universos díspares, mas como irmãos da mesma casa. O Deus destruidor e vingativo está na mesma estrutura simbólica do Deus amoroso e amigo. Mais do que isto: ambos são o mesmo Deus. Assim, somos filhos e filhas de uma divindade na qual coabitam luz e trevas, somos filhos de um casamento misto. A divindade na qual cremos é aquela que resgatou o mundo do caos e que terá um prazer mórbido de destruir tudo antes de vir o paraíso. Não nos apressemos, pois, em separar um do outro, pois isto significaria uma atomização e destruição de nossas próprias identidades.

Haverá uma ética consistente, tendo como base esta constatação da ambigüidade e aparente contradição? Se quisermos uma ética da mudança, não deveríamos começar por uma seleção rigorosa do que é ou não permitido nas imagens da divindade? Estaríamos aqui no campo da ética imperativa a partir de determinados postulados bem delimitados. Creio que esta tem sido e continuará sendo uma saída para este dilema. Creio, porém, que há outras alternativas também. Uma que eu reputo como possível é de estabelecermos um diálogo mais detalhado e criativo com a riqueza e a dinâmica desta estrutura simbólica. Lembremo-nos: Aquilo que procuramos simplesmente negar ou reprimir virá com mais força nas ações e nos desejos. As dimensões violentas negadas e colocadas no quarto de despejo da religião tendem a ressurgir com força. Melhor é o diálogo com os diferentes aspectos dessa violência simbólica presente nesta concepção de divindade judaico-cristã. No Ocidente é assim: Quanto mais nós entendemos dos aspectos da divindade, mais nós entendemos de nós mesmos. Quanto mais imergirmos nos diferentes aspectos que constroem estas simbologias marcadas pela violência, melhores condições teremos de uma reinterpretação mais autêntica do universo religioso no qual se vive e o qual se interpreta no contexto brasileiro e, creio, maiores condições teremos de superar eticamente o lamaçal da violência no qual estamos todos metidos.

> # 5

# Identidade(s) religiosa(s) no Brasil: Plural ou singular?

Vimos, nos blocos anteriores, algumas teorias sobre a religião, algumas características do fenômeno religioso presente, de uma forma ou de outra, em diversas tradições religiosas e refletimos mais especificamente sobre a linguagem religiosa e o monoteísmo como anti-religião. Neste bloco, porém, passamos de uma leitura mais geral de religião para uma leitura mais doméstica. Aqui interessa não tanto uma tentativa universalista de se compreender o fenômeno religioso e seus elementos, mas uma busca regional de compreensão da religião no Brasil. Não tenho a intenção de nomear, descrever e caracterizar as principais tradições religiosas presentes no Brasil, o que certamente será tratado em livros posteriores desta coleção, que pretendem ter um olhar de aproximação em relação às tradições religiosas específicas. Mas quero perguntar se existe um *minimum* religioso a perpassar como fio vermelho a constituição das religiões e da religião – enquanto expressão fenomenológica nas religiões – no Brasil. Haveria uma identidade religiosa básica do brasileiro, definindo a configuração da religião no Brasil? Esta é uma discussão ampla e complexa, e que aqui, por seu tom de generalização, também há que se ver com certo ônus. Porém, mesmo correndo o risco deste ônus, quero apontar uma possível pista de resposta à pergunta acima formulada a partir das considerações do antropólogo Pierre Sanchis, em *Religiões, religião... alguns problemas do sincretismo no campo religioso brasileiro.*

## Refletindo sobre experiências religiosas no Brasil

A expressão *campo religioso*, originalmente derivada de Bourdieu, visa apontar para os atores religiosos e as relações entre esses atores em determinada sociedade. Segundo Sanchis, o campo religioso brasileiro apresenta identidades religiosas que têm por característica a porosidade de fronteiras, pluralidade e simultaneidade de vivências religiosas e composições de veio *bricoleuse*. Em uma definição precisa: a identidade religiosa do brasileiro costuma ser plural, não unívoca. Para sedimentar este raciocínio, iniciemos pensando a religião que se apresenta como matriz no Brasil, o catolicismo.

O catolicismo brasileiro pode ser definido como um caldeirão identitário. Até alguns anos atrás, pesquisadores, ao estudar o catolicismo, faziam uma clássica separação entre catolicismo popular e catolicismo oficial. Embora continue válida tal bipolaridade, constata-se, hoje, que o catolicismo apresenta, no interior destes dois eixos, e talvez em novos eixos que surgem e que aparecem como terceiras vias católicas (como o Movimento de Renovação Carismática Católica), uma pluralidade de adesão, pertencimento e vivência do *ethos* católico extremamente rico. Porém, esta multiplicidade de identidades católicas no interior do catolicismo brasileiro não é necessariamente compartimentalizada, mas cheia de cruzamentos, trânsitos e trocas, numa dinâmica de muitas composições. Assim, há uma simultaneidade de identidades.[23] Esta característica católica se apresenta espraiada numa espécie de identidade religiosa brasileira, atravessando também outras tradições e práticas religiosas. Vejamos.

Genericamente é possível classificar dois filões religiosos tradicionais no Brasil: o cristianismo (com ênfase no catolicismo) e as matrizes religiosas africanas. No caso do cristianismo há ainda um terceiro filão, que surgiu no século XIX e foi solidificado na segunda metade do século XX através dos protestantismos. A partir desta configuração identificam-se duas formas clássicas de formação de identidade religiosa no Brasil: o histórico trânsito cultural católico-afro-brasileiro e a postura racionalizada de escolhas individuais por identidades de cunho exclusivo e eletivo, presente no espectro evangélico. Porém, com o alargamento e a diversificação do mercado religioso de

---

[23] Identidade, como se sabe, não precisa ter a ver com conceitos e adjetivos como singular, único, coerente.

bens simbólicos, impondo concorrência entre as agências religiosas, pode-se afirmar que, na busca de adaptação a estes novos tempos de múltiplas ofertas religiosas no campo religioso brasileiro, também o protestantismo e, particularmente, o neopentecostalismo protestante conhecem a assimilação "sincrética" dantes apenas afeita ao universo católico e afro, enquanto que o catolicismo experimenta a racionalização protestante, ou seja, a (re)adesão ao catolicismo, por parte de muitos, não por um viés cultural, mas de escolha e de adesão racional às doutrinas católicas. Adiante ainda pontuarei esta questão. O que vale frisar, entretanto, é o caráter historicamente basilar das identidades religiosas no Brasil, marcado pelo trânsito cultural, pelas trocas simbólicas e justaposições.

Outros grupos mais recentes também a compor o campo religioso brasileiro, como os de cultos de origem oriental e os do universo religioso da chamada Nova Era, experimentam esta comunicação simbiótica com as matrizes religiosas brasileiras, aglutinando tradições diversas e as reinterpretando, reelaborando materiais simbólicos disseminados nas expressões religiosas brasileiras. Ainda há na configuração do mapa da fé no Brasil aqueles que se declaram sem religião, isto oficialmente, pois pesquisas revelam que as pessoas que se declaram sem religião não são, necessariamente, atéias ou agnósticas, mas muitas são, assumidamente, peregrinas das religiões, isto é, fazem incursões várias entre as ofertas religiosas, sem, no entanto, assumirem nenhuma filiação religiosa específica. Ou seja, no Brasil, até os sem religião estariam no bojo das expressões plurais em se buscar o divino e em se experimentar o sagrado.

Após esta visão sinótica sobre as principais formas de religião a configurar o mapa da fé no Brasil, volto à afirmação inicial de que todas as religiões e expressões de religiosidade no Brasil encontram sua interface no catolicismo. O catolicismo seria uma matriz genérica das relações com o sagrado no Brasil, pois seu universo simbólico se encontra representado em todas as manifestações religiosas, mesmo as que vêm de fora do Brasil, ou de forma assimilativa retraduzida ou de forma opositiva. Assim, o catolicismo torna-se uma sombra geral na cultura religiosa brasileira. Símbolos e noções conceituais do cristianismo católico estão na estrutura mental e mesmo material, inclusive, das religiões não-cristãs no Brasil. Não há expressão religiosa no Brasil que, de alguma forma, positiva, integrativa ou negativa, não faça menção, explícita ou implícita, discursiva ou simbólica, ao cristianismo de veio católico.

Neste ínterim o antropólogo Pierre Sanchis percebe que o Brasil sempre foi plural com esta referência católica, porque o próprio catolicismo cumpre a função não de uma fé racionalizada, mas se apresenta em forma de religião, isto é, com uma estrutura que aponta para um amplo universo mediador do sagrado, mítico e místico, com uma liturgia e imagética que tendem a valorizar a dimensão simbólica, não necessariamente conceitual. Sanchis dá aos efeitos deste fenômeno simbólico a feliz expressão "plurivalência semântica", que possibilita diferentes encontros e experiências em torno dos mesmos símbolos e rituais, numa porosidade simbólica que deságua em cruzamentos variados.

No Brasil, desde sua ocupação pelos portugueses, houve a aproximação forçada de três povos cujas identidades estavam desenraizadas. Primeiro, o português católico que, ao romper com seu espaço comum, colonizando um espaço geográfico desconhecido e hostil, sem forte aporte do Estado e da Igreja – que eram mais entidades abstratas que concretas no Brasil de antanho – lançou-se em um encontro com o diferente. Segundo, os povos indígenas foram também, de certo modo, desenraizados no contato com o português, com a confrontação com novas configurações sociais/culturais e em reduções. As populações negras formam o terceiro povo, desenraizado de suas terras e culturas, misturado numa multiplicidade de etnias e culturas e forçado a aderir à cultura religiosa católica européia. Embora encontro desigual na relação de forças oficiais, porosidade, cruzamentos, articulações e justaposições se deram. Nesta pluralidade brasiliana, não houve simplesmente justaposições ou supressão de diferenças, mas composições que deram novos rostos a todas as manifestações religiosas aqui chegadas ou autóctones. Como define Sanchis, houve uma sociogênese. Assim o Brasil foi e é marcado pela predisposição à porosidade e a cruzamentos em seus encontros culturais/religiosos. O Brasil, desde suas origens, aprendeu a declinar-se no plural, não só simbolicamente, mas até gramaticalmente, já que em época colonial se declinava "brasis". Nada mais adequado e justo em referência ao seu caráter plural.

Esta predisposição às trocas está marcada pelo espectro simbólico – comum às tradições indígenas, africanas e católicas – de um universo povoado de espíritos, forças que mantêm contato com as pessoas, numa relação constante entre aquém e além, como também já demonstrou o antropólogo Roberto DaMatta em seu livro *A casa e a rua*. Nesse relacionamento com o outro do outro mundo – mas que neste está continuamente a influir – a personalidade religiosa brasileira é marcada por uma convivência íntima com o além. Até grupos religiosos vindos posteriormente ao Brasil e com uma proposta religiosa menos mística ou encantada, como os protestantes, também vivem este clima acentuadamente espiritualista, reconhecendo e legitimando o universo dos espíritos sedimentado na cultura religiosa brasileira, embora conotando tal universo de forma negativa e chamando às "batalhas espirituais". Assim, até mesmo o veio racionalizador do protestantismo no Brasil assente à idéia de que o aquém depende das relações mantidas com o além dos espíritos. Enfim, a identidade religiosa brasileira vem marcada por esse universo dos espíritos, mesmo que a vivência dessas crenças possa não vir explícita nas doutrinas oficiais, mas praticada nas franjas, nas periferias da religião, como mostra Patrícia Birman em seu excelente texto *Modos periféricos de crença,* explicitando o lastro religioso brasileiro, em muito herdeiro da visão de mundo africana, que "o ideal, portanto, é conseguir sempre agregar objetos de culto, ainda que de forma subsidiária, à prática religiosa cotidiana. Em se tratando do relacionamento com essas esferas sobrenaturais, nunca se peca por excesso".[24]

---

[24] BIRMAN, Patrícia, *Modos periféricos de crença*, p. 182.

O fato que aqui procuramos evidenciar é que o sujeito religioso brasileiro, plural, vive uma relação cultural antropofágica, na qual fronteiras se tornam fluidas e na qual cada um assume o outro e o re-significa. Esta costuma ser uma relação cotidiana das pessoas que vivem o ser isto e aquilo simultaneamente, sem noções de contradição, já que o universo em que flutuam é simbólico, não necessariamente conceitual. Belo exemplo destas "passagens de fronteiras"[25] encontra-se no dizer de Riobaldo, na obra *Grande Sertão: Veredas*, de Guimarães Rosa, em que a personagem fala que "rezo cristão católico... aceito reza do meu compadre Quelemém, doutrina dele, Cardéque... Mas quando posso, vou no Mindubim, onde Matias é crente, metodista: a gente se acusa de pecador, lê alto a Bíblia, e ora, cantando hinos belos deles. Tudo me quieta, tudo me suspende... Olhe: tem uma preta, Maria Leôncia... Pois a ela pago, todo mês – encomenda de rezar por mim um terço, todo santo dia, e, nos domingos, um rosário. Vale, se vale... quero punhado dessas, me defendo em Deus, reunidas de mim em volta... Chagas de Cristo".

Em seu artigo Pierre Sanchis aponta também que atualmente a abertura à mensagem do outro – e à sua assimilação re-significada – atua de forma cada vez mais incontrolável, possibilitando uma margem de tro-

---

[25] "Passagens de fronteiras" em relação ao olhar institucional das agências religiosas, pois na visão e percepção do crente não necessariamente existiram "fronteiras", mas um único universo religioso expresso em diversos modos intercambiáveis e complementares.

cas e porosidades em grande escala e em (re)criações inauditas. Isto se dá através dos meios tecnológicos de comunicação, nos quais os espectadores dos programas religiosos – veiculados em TVs, rádios, sites na internet – não são, necessariamente, os adeptos daquela religião com que entram em contato. Assim, católicos podem assistir, no espaço privado de seu lar, a programas pentecostais e elogiá-los, ou evangélicos podem assistir a programas espíritas e assimilar algo que tenham achado interessante no programa. Essa "babel" desaguaria num quadro instável de referências imaginárias e de sentido. Assim, fidelidades e ortodoxias religiosas vão tornando-se cada vez mais tênues, e o campo religioso brasileiro vai alicerçando-se não simplesmente em religiões com seu rosto oficial, mas nas religiões privadas que cada pessoa vai construindo para si através de seus contatos múltiplos com a diversidade religiosa no Brasil, em que, numa antropofagia religiosa, digere-se o outro, assimilando e re-significando algumas coisas, excretando outras, e fazendo e refazendo, como em mosaico, bricolagens religiosas várias. Assim, mesmo que o Censo pudesse, em trabalho hercúleo, contar e classificar com precisão todas as religiões, igrejas, templos, cultos existentes no Brasil, ainda sim seria um painel de amostras oficiais e insuficientes, pois não é possível ao certo contar e classificar o que as pessoas fazem com a(s) religião(ões) que freqüentam, e seria impossível chegar às muitas religiões de sínteses pessoais e em constante mutação surgidas da construção religiosa de cada pessoa.

Assim, o campo religioso brasileiro apresentaria uma atitude subjetivizante, em que o indivíduo é o juiz e o hagiógrafo de suas crenças, muitas vezes gestadas no crivo das emoções. Há uma primazia do sentido subjetivo sobre o sentido objetivo da doutrina. Paralelamente – e por força e oposição a isso – é importante frisar que também no Brasil surgem reações a esta "relativização" do domínio da instituição religiosa sobre seus fiéis. A essa relativização – conforme o olhar oficial das agências religiosas – as instituições religiosas costumam, algumas vezes, responder com voz forte e, ainda por vezes, fundamentalista. A racionalidade – no sentido sociológico do termo aplicado à religião – vem com o rótulo de remédio para o sincretismo, encarado como ameaça à objetividade de verdades e fé racionalizadas. Esta reação de afirmação racional de uma identidade religiosa coesa, una, sem margens para cruzamentos indevidos ou não desejados, tem perpassado várias tradições religiosas brasileiras, particularmente o catolicismo – através de movimentos tradicionalistas romanizados ou da Renovação Carismática, embora também esta última use de empréstimos de tradições religiosas não-católicas –, alguns protestantismos e, também, o candomblé, através de uma ação afirmativa africana que vem tentando livrar-se dos traços sincréticos vindos do catolicismo.

O fato, no entanto, para o qual chamo a atenção, é que o que vigora com força constituinte de uma identidade religiosa mínima do povo brasileiro são a re-semantização, a mistura, a bricolagem, a composição, as trocas, os amoldamentos e as novas construções. E com esta afirmação não quero lançar um olhar avaliador e de juízo, para o bem ou para o mal. Apenas salientar que todos esses termos acima referidos, como veremos adiante, não costumam ter a pecha de errôneos ou incoerentes para as pessoas, embora possam assim ser compreendidos pelas instituições religiosas oficiais.

## Composição e pluralidade x ortodoxia e instituição religiosa: tensão e acomodação

Talvez algum leitor tenha-se espantado com algumas das afirmações acima sobre o caráter plural e *bricoleuse*, subjetivo, da formação de uma "identidade" religiosa no Brasil. Para alguns certamente surgirá uma pergunta: o indivíduo, afinal, não tem percepção sobre conceitos como doutrina específica, fronteiras religiosas e pertença a um grupo enquanto adesão à determinada fé em sua exclusividade? Muitos caminhos de respostas poderiam ser dados a essa pergunta de alguém, quem sabe, melindrado com um quadro de referências religiosas tão compósito como lastro da identidade religiosa brasileira, como acima foi exposto. Entre tantas teorias possíveis recordo, como resposta neste momento, as reflexões da filósofa da história Agnes Heller.

Embora num grupo – religioso, por exemplo –, o ser humano é alguém particular, singular, único. E, assim, vive a dinâmica desta particularidade, do eu. No caso, é esse eu que reflete acerca das coisas. A entidade religiosa oficial, enquanto grupo de pertença, tradição e memória, por mais que fomente a coesão de identidade e seja esteio religioso do ser humano a ela aderente oficialmente, não consegue fazer dele, do indivíduo na singularidade solitária e autônoma de seu eu, alguém que encarne a instituição enquanto modelo definido. Assim, por mais que as agências religiosas possam, aqui e ali, influir e formar, é na individualidade que o ser humano se faz, se exerce, nas possibilidades de sua liberdade. E esta liberdade exercida se estabelece no cotidiano, nas experiências de vida, nos contatos sociais.

Assim, embora a religião institucional pressuponha a comunidade coesa em fé, em termos da construção da fé, o indivíduo torna-se um ser não necessariamente comunitário. Ele é pragmático e identifica o correto – que entende em sua vivência diária – com a verdade. Verdade é o que tem sentido para o indivíduo em sua vivência particular. O ato de dar sentido é independente das regras de fé e doutrinas racionalizadas oficialmente por uma instituição e das fronteiras e interditos que demarcam.[26]

Deste modo, a fé, antropologicamente falando, nasce da particularidade individual, satisfazendo suas necessidades. Ela é resultado de interpretações individuais e opções realizadas no contexto da cotidianidade, de suas relações e necessidades, sejam práticas ou de caráter mais psicológico. E, assim, nesse contexto, para o indivíduo cotidiano não importa tanto a verificação ou correspondência da verdade de uma coisa, pois "o que revela ser correto, útil, o que oferece ao homem uma base de orientação e ação no mundo, o que conduz ao êxito, é também 'verdadei-

---

[26] HELLER, Agnes. *Uma teoria da história*, p. 90.

ro'".²⁷ Verdade é o útil, o prático, o que faz sentido a partir das vivências cotidianas e das interpretações e opções inerentes a elas.

Isso revela que a verdade, para o indivíduo em sua vida diária, trivial, não é singular, mas plural. É claro que, no entanto, o caráter público ou privado da esfera de ação e pensamento do indivíduo influi naquilo que ele vai externar. Quando em público, haverá a tendência de ele reproduzir aquilo que o ambiente pressupõe e espera. Cumpre-se, assim, a postura de um papel e ritual social público. Quando na privacidade, entretanto, o indivíduo, não tendo a coação do *ethos* social e institucional em que está inserido, tende a ter um tipo de atitude e pensamento que não necessariamente tenha que se adequar ou responder ao grupo ou instituição religiosa. Assim, podemos conhecer apenas aspectos isolados das personalidades. A manifestação de uma pessoa em sua exterioridade – o que mostra ao mundo – e interioridade – o que vela, mas sente ou pensa – depende dos papéis que a pessoa exerce nos contatos e nos lugares em que se encontra.

Portanto, a relação do indivíduo com a doutrina normatizada como verdadeira por uma instituição religiosa e, por outro lado, com sua versão pessoal/vivencial da doutrina oficial é sempre ambivalente e ambígua, pois o indivíduo, em sua capacidade adaptável de sobrevivência, revelará, como sua, a versão oficial ou pessoal de algo conforme as circunstâncias. E, neste ínterim, a pessoa não se

---

²⁷ HELLER, Agnes. *O cotidiano e a história*, p. 45.

vê necessariamente como contraditória ou infiel. Apenas assume a ambigüidade da vida, do ser humano e de suas estratégias de sobrevivência num mundo ao mesmo tempo plural e impositivo de modelos, onde o ser humano se acha na dialética do ser ou não ser e do ser sem ser. E, como também já afirmado, fronteiras doutrinais e de fé funcionam e têm sentido mais na morfologia e semântica das instituições religiosas do que na vida concreta de muitas pessoas, que percebem religião como um todo, ainda que em formas distintas, mas não necessariamente impossibilitadas de cruzamentos e rejuntes.

É bem verdade que, mesmo no purismo do rigor acadêmico da qualificação sobre o que é religião, esta forma tão humana de se viver a relação com o sagrado não tem perfeito encaixe. Aqui vai um exemplo. A religião, segundo Pierre Bourdieu, pode ser interpretada como uma linguagem, um instrumento de comunicação e conhecimento, que é, então, um veículo simbólico-estruturante a possibilitar um consenso acerca de certos signos e seus respectivos sentidos.[28] Assim, ela é um feixe de signos da linguagem que vem a construir um determinado imaginário de mundo com seus sentidos. Numa comunidade religiosa específica, por exemplo, pressupõe-se um acordo lingüístico básico acerca de significados religiosos norteadores para a comunidade. Assim, a doutrina religiosa se difundiria pela partilha desses significados. Esta partilha, entretanto,

---

[28] BOURDIEU, Pierre. *A economia das trocas simbólicas*, p. 28.

é condicionada pela exigência de que se reconheçam as mesmas verdades e se aceitem as regras de conformidade com os discursos oficiais.

Há neste quesito, porém, a institucionalização da legitimidade do discurso religioso que é apropriada por um corpo de especialistas, alienando pessoas não especialistas de legitimidade normativa em seu discurso e em suas experiências do sagrado. Assim, constituem-se duas instâncias num mesmo campo religioso, isto é, a dos indivíduos leigos, com seu domínio prático-vivencial das relações com os bens religiosos, e o domínio erudito de teologias, conceitos e normas instituído por especialistas e suas respectivas instituições reprodutoras do capital religioso oficial.

Porém é preciso constatar que conceitos, idéias e termos derivados da experiência religiosa, por mais que sejam administrados teologicamente pelas hermenêuticas oficiais, não são propriedades patenteadas de nenhuma instituição. Os termos religiosos e sua diversidade de significados no imaginário das pessoas são frutos da experiência histórico-religiosa comum de toda a humanidade, e particular de cada indivíduo em sua vivência. Experiências e discursos sobre o sagrado e os imaginários sobre ele fogem à patente.

Conforme o historiador Michel de Certeau, em seu livro *A invenção do cotidiano*, existe uma não-coincidência entre estruturas ou modelos estruturantes e a vida que se encontra sob esses modelos e estruturas. Assim, o ser humano não é o que fazem (ou pensam fazer) dele. Ele é o que faz do que fizeram dele. Porém, as bricolagens, os sincretismos e as mestiçagens religiosas no interior da sociedade brasileira – mas não só – sempre foram tratados de forma negativa. Contudo, penso que é preciso encará-los como construções positivas, práticas e sábias.

Embora as doutrinas ortodoxas e regras de fé das instituições religiosas, em suas fontes originais que deram gênese a livros sagrados e relatos que sustentam religiões, sejam fruto, em sua grande parte, de experiências e narrativas de homens e mulheres do passado, uma vez cristalizadas e "fechadas", essas experiências do sagrado – em cânones –, tendem a se petrificar em dogmas, regras e instituições que pouco ou nada admitem de questionamento ou assimilação de experiências do sagrado que fujam ao seu conteúdo doutrinário básico já estabelecido. Desta forma, na religião, a doutrina e os dogmas costumam ser normativos. Não se inscrevem numa narrativa sagrada que se possa rever. O discurso religioso oficial tem como centro não as experiências dos adeptos atuais da religião, mas a experiência do sagrado captada num passado ideal e, uma vez sistematizada, elevada à categoria de verdade normativa. Assim, subjetividade, emoções e experiências individuais não alinhadas à regra oficial são, muitas vezes, desqualificadas, combatidas, alienadas do espaço oficial. Quando muito, são toleradas, e não sem boa dose de desconfiança.

Porém, como estou a argumentar, para se chegar a entender a religião que as pessoas realmente exprimem e vivem, em composições e empréstimos variados, é preciso chegar aos sujeitos religiosos concretos em suas práticas cotidianas e à interpretação que eles fazem delas. Creio que aí está "a religião", o que puxaria outro debate, qual seja, se a religião é o que se tem na moldura das instituições religiosas ou o que se vive no cotidiano dos sujeitos religiosos. A assimilação das doutrinas oficiais das instituições é feita "num processo de apropriação pelo povo recriando os significados a partir de suas condições de vida e em função destas condições".[29] Neste sentido há apenas uma religião: a que fazemos das que nos dão.

---

[29] PASSOS, João Décio. As formas complexas de o povo crer, p. 15.

# 6

# Religião, secularização e (pós-)modernidade: Sobre sensibilidades religiosas contemporâneas

Quero aqui continuar um tanto a argumentação do bloco anterior, mas através da análise de outra realidade e trabalhando com outros referenciais, conquanto chegando a resultados semelhantes aos já expostos. Neste bloco, quero apontar que o processo de secularização da sociedade e a (pós-)modernidade contribuem de forma essencial para que a experiência religiosa na sociedade contemporânea se faça de forma autônoma e, embora referenciadas às tradições das instituições religiosas, apresente-se de forma fragmentada e não exatamente fiel a elas. A análise aqui apresentada, dirão alguns, não vale em cheio para o Brasil, lugar onde a religião nunca deixou de estar presente como determinante da vida do povo e das instituições e onde esta autonomia em relação à experiência religiosa, como já visto, sempre esteve viçosa. Sim, é verdade, por um lado, que esta reflexão abaixo tem um caráter mais global, analisando o processo de secularização e redefinição da religião na sociedade moderna como um todo. O foco específico aqui não é o Brasil. Porém, a reflexão também vale para o Brasil, particularmente para um Brasil cada vez mais urbano e globalizado. Começo, então, pensando o processo de secularização para, nele, pensar o lugar e o rosto da religião.

A secularização, rebento da modernidade, convive, ora de forma paradoxal, ora de forma integrada, na lógica dessa modernidade. Para maior clareza sobre este ponto é necessário esclarecer, brevemente, quem é o sujeito que surge a partir da modernidade. Esta caracteriza-se pela colocação do indivíduo como medida e como fim. O ser humano, em sua individualidade e racionalidade, de certa forma substitui o centro anterior, isto é, um cosmo sagrado, com suas derivações encopassadoras de sentido e norma, gerido por instituições religiosas que davam a coesão social e cultural e que alocavam o centro de sentido para além do ser humano. A modernidade, no entanto, coloca o ser humano como medida de si, de suas relações e do universo, a partir de uma lógica cartesiana e de uma moral kantiana. Já não seria mais o cimento da coesão cultural-social ditado pela religião o que daria o sentido ordenador da realidade e do social, com suas mediações, mas doravante a própria racionalidade, a própria independência de escolha racional centrada no indivíduo autônomo.

Esta nova concepção ordenadora da realidade e do indivíduo afeta sociedade e religião. A religião, particularmente compreendida em suas instituições oficiais de representação, perde poder em dar "as cartas" no mundo moderno. Particularmente, no mundo Ocidental, o cristianismo, principalmente o de veio católico, mas não só. A religião, principalmente enquanto representada pelas instituições religiosas, já não tem a hegemonia definidora no campo da cultura, do Estado, do Direito, do lazer e entretenimento, enfim, das instâncias reguladoras do cotidiano. Hoje a religião (no singular ou no plural de instituições religiosas em geral) é coadjuvante no debate sobre temas candentes, como ecologia e bioética.[30] A laicização do Estado, a separação das esferas civil e religiosa, a laicização do Direito, do lazer, da música, das artes e, particularmente, da ciência fizeram com que a religião se deslocasse de seu centro irradiador de impacto de influência e poder de coesão totalizante sobre a vida social e cultural, e, portanto, sobre a vida e as escolhas do indivíduo.[31] Mais que nunca o indivíduo se torna livre, autônomo também na esfera simbólica, tornando a identidade social (inclusive religiosa) algo privado, embora essa liberdade pouco tenha a dizer e influenciar, em suas escolhas éticas ou cognitivas, o todo social e as instituições sociais.

A religião, entendida aqui principalmente como instituição religiosa reguladora dos rumos da sociedade, já

---

[30] MARTIN, David. *Remise en question de la théorie de la secularization*, p. 33-34.

[31] Quanto a este debate, ver: PIERUCCI, Antônio Flávio. *Reencantamento e dessecularização. A propósito do auto-engano em sociologia da religião.*

não tem tanto o poder de regular o universo cultural, social e pessoal, perdendo sua marca definidora da totalidade social e individual, do mundo, enfim. Porém, as pessoas continuam a viver dimensões religiosas, agora bem particulares, a partir da própria lógica da modernidade: a autonomia racional (e também emocional) em compor o seu mundo, a sua totalização e sentidos a partir – tantas vezes – dos fragmentos, uma vez que na sociedade secularizada a religião não mais consegue estabelecer esta totalização. Assim, a religião não termina com a secularização, mas ganha novas formas e contornos, novos sabores. Há uma recomposição da religião sob novas formas, mas com a perda de controle dos grandes sistemas religiosos que abarcavam o todo social.[32]

## Focalizando um possível conceito de religião na (pós-)modernidade secularizada

Para um ministro religioso vinculado a uma instituição religiosa, falar que a religião se encontra viçosamente imbricada no seio de uma sociedade secularizada, de desregulação do religioso institucional e afeita a bricolagens pessoais poderia soar como absurdo, pois tal quadro significaria, justamente, o oposto à certa noção de religião, entendida antes como recurso ao dogma, à ortodoxia e à

---

[32] CAMURÇA, Marcelo Ayres. *Secularização e reencantamento: a emergência dos novos movimentos religiosos*, p. 63.

disciplina normativa institucional. Mas aqui religião tem sentido além. Se o estabelecimento de um "cosmos sagrado", de sentido ou eficácia para a vida estava, dantes, ancorado nas instituições religiosas, na tradição, a modernidade secularizadora, particularmente a contemporaneidade, reverte este quadro. Plausibilidades, legitimações do mundo e teodicéias parecem cada vez menos elementos atrelados exclusivamente à regulação oficial de uma instituição na vida das pessoas. Os indivíduos até buscam nas tradições/instituições esses elementos, mas o fazem a partir da subjetividade de suas experiências, sem fidelidades a identidades fixas, ultrapassando fronteiras antes bem delimitadas e as borrando. Cada vez mais este (micro) cosmos – de sínteses ou fragmentos – não depende de regulações institucionais e adesões de fé e sentido unívocas e lineares, mesmo que construções independentes de sentido e fé, isto é, de religião, tomem por empréstimo elementos das tradições religiosas já existentes, numa seletiva escolha daquilo que funciona e faz sentido.[33]

Dada a constatação de que cada vez mais a religião (entendida como construção de sentido) não depende da regulação das instituições dantes detentoras do poder de nomizar a vida da sociedade e do indivíduo, prefiro a tese de que a religião, por efeito dessa secularização – mas, de certa forma, mesmo antes dela –, atravessa os tecidos sociais e vivenciais vários (embora sobre eles não mais influa decisivamente).

---

[33] HERVIEU-LÉGER, Danièle. *Representam os surtos emocionais contemporâneos, o fim da secularização ou o fim da religião*, p. 44.

Religião – em sentido muito *lato* – pode ser encontrada em atitudes políticas, esportivas, eventos culturais, moda e tendências musicais. Assim, religião comporta sentidos e percepções de eficácia aplicados a uma série de elementos sociais. Neste sentido, mesmo projetos ou atitudes "não sacras" – conforme a convenção de que sagrado/religioso estaria ligado a uma religião institucional e a seus elementos próprios –, inclusive atéias, podem inscrever-se como religião, em sentido amplo. Este lastro de compreensão de religião se amoldaria, de certa forma, com o processo de secularização, que diminui o veio das instituições religiosas como configuradoras da religião e do que é religião para os indivíduos e para o todo social. Assim, estando a estrutura do crer desregulada (não mais obediente às tradições/instituições), a dimensão religiosa do crer se encontraria disseminada em outras tradições ou expressões da sociedade (movimentos patrióticos, samba, *punks*, política, esportes etc.). Conforme Weber, é possível falar de religiões substitutivas, sem referência a deuses, mas que conferem sentido ao cotidiano humano, porém sem estruturar o social.[34] A estrutura do crer, da religião, não é mais exclusividade de tradições religiosas convencionais, mas é operacionalizada por indivíduos, estruturas e tradições várias que há.[35] A religião continua a existir também fora das agências religiosas tradicionais, disseminada de forma subjetiva, fragmentada e fluída.

---

[34] Apud CAMURÇA, Marcelo Ayres. *Secularização e reencantamento: a emergência dos novos movimentos religiosos*, p. 57.

[35] HERVIEU-LÉGER, Danièle. *La religion pour memoire*, p. 58-59.

Enfim, apenas quero chamar a atenção para o fato de que religião, na sociedade (pós-)moderna, pode ser entendida de diferentes formas em relação ao modelo tradicional de outrora, colado à conformação do sujeito a uma tradição religiosa/institucional. Isto é importante para verificarmos, a seguir, que a religião está mais presente do que nunca na sociedade contemporânea, seja em agências múltiplas filiadas às grandes tradições, seja fora deste modelo, em representações "civis", nas suas diferentes roupagens. O que vale, entretanto, na análise, é saber que todas essas formas religiosas reforçam a secularização enquanto indicativas de desregulação da religião/instituição antes monopolista ou em situação não concorrencial do religioso.

## Secularização e vitalidade da religião: caminhando em meio a paradoxos

As pessoas contemporâneas buscam, na seletividade de suas escolhas religiosas, de suas bricolagens e re-significações, compor para si um mundo com algum sentido e aura totalizante ou não. E este movimento autônomo e racional-emocional – nunca dois termos aparentemente, ou de fato opostos, andaram tão juntos – emerge justamente devido à secularização, como produto dela. Conforme vimos no caso histórico do Brasil, mesmo quando havia uma religião de todos, aceita livremente ou a contragosto, como era o catolicismo, houve muitas composições e mestiçagens. Se esta era uma prática presente enquanto havia uma entidade religiosa reguladora oficial e reconhecida como tal, muito mais no universo religioso plural, aberto e livre, as trocas e subjetivismos religiosos encontram campo fértil. É quando da ausência de marcos totalizantes que as pessoas se sentem ainda mais impelidas a bricolar o seu universo pessoal de significações. A modernidade e a pós-modernidade mostram todo seu poder paradoxal e ambíguo. Secularização da sociedade e, ao mesmo tempo, revitalização do universo religioso. Duas faces de uma mesma moeda, cuja lógica está na inteiração dialética do moderno que desabriga a religião e, neste desabrigar, possibilita-lhe novas moradas, conquanto mais esparsas e menos institucionais e influenciáveis no todo social.

A socióloga francesa Hervieu-Léger mostra alguns caminhos desta dialética. A estudiosa se refere, por exemplo, aos surtos emocionais. Há, conforme William James, uma religião de primeira mão, representada pelas emoções e por um contato primal com a experiência.[36] Esta experiência primal, com o tempo, passa a uma rotinização, adequação institucional-doutrinária-litúrgica, a uma banalização da experiência na sua administração histórica, fruto da racionalização da religião e do surgimento de um corpo de especialistas. A instituição se faz herdeira e reguladora, ordenadora das emoções dos primórdios, dos impulsos extáticos primais, amoldando-os nos ritos, nas doutrinas, em certa racionalidade que aclimata e põe na ordem do dia aquilo que era emocional e que, por sua própria natureza

---

[36] HERVIEU-LÉGER, Danièle. *Representam os surtos emocionais contemporâneos o fim da secularização ou o fim da religião*, p. 34ss.

emotiva, era instável. Ora, podem-se compreender, neste sentido, os surtos emocionais relacionados aos novos movimentos religiosos – inclusive os de dentro das religiões-instituições tradicionais, como o carismatismo na Igreja Católica e os (neo)pentecostalismos que surgem a partir das e/ou paralelamente às igrejas protestantes –, como um "protesto" à religião estabelecida de segunda mão, que petrificaria a experiência. A religião tradicional sufocaria, com sua racionalidade ordenadora e enquadradora da experiência, aquilo que seria um dos fundamentos da religião: a emoção do encontro direto com o divino ou sagrado.

Nesse sentido, poderia afirmar-se que a vitalidade da religião na sociedade moderna acompanharia um movimento que responderia à estruturação daquilo que corresponderia ao religioso básico, ou seja, as emoções da experiência numênica. Isto, de certa forma, explicaria a desregulação do institucional religioso, dado que seria o indivíduo, neste contato antes com as experiências emocionais que lhe dão sentido e eficácia para a vida, e não tanto com modelos formalizados doutrinais que expressam a experiência, o alicerce da religião, da sua própria religião. Se religião for tomada como a herança doutrinária veiculada pelas instituições, ou como aquela que dava sentido a tudo e a todos numa unidade social, conferindo plausibilidade ao todo social, então entendo que os surtos emocionais religiosos podem ser interpretados como o fim da religião – ao menos *deste tipo* de religião –, pois se descolam de assentimentos e fidelidades ortodoxas, gerando pequenas narrativas que se formam na seletividade do mercado religioso, em que a *rational choice* se impõe na escolha emocional e racional, a um tempo, daquilo que melhor benefício, sentido e eficácia terá para a vida do sujeito,[37] nas esteiras de sua subjetividade emocional.

Numa sociedade em que a racionalidade instrumental leva a desertos de nortes de coesão de mundo, ao esvaziamento simbólico do universo, implanta-se o surgimento das emoções como forma de expressão religiosa. E estas mesmas emoções religiosas, que respondem a um universo racionalizado, estão na lógica da modernidade e de sua secularização. Primeiro, porque escolhas – tantas vezes baseadas na emoção – têm relação com o direito do indivíduo à subjetividade, direito esse fruto de uma modernidade avançada. Segundo, porque busca espiritual e experiência religiosa emocional inscrevem-se mesmo numa pós-modernidade, que recusa a tradição por si, despoja-se de linguagens lineares, tradicionais, e fazem com que a experiência religiosa se inscreva numa metalinguagem, pois resgatam uma linguagem que a religião estabelecida já não pode dar e que já não é ouvida. Religião, assim, torna-se cada vez mais analógica, performática, simbólica, mais forma que conteúdo nas esteiras das subjetividades. E, na esteira das emoções, está a sua lógica da instabilidade, que é própria delas, ou seja, destes movimentos carismáticos e emocionais é possível entrar e sair com facilidade, conforme os desejos vindos e geridos por essas emoções são satisfeitos ou não, ou quando o encanto do carisma de

---

[37] FRIGERIO, Alejandro. *Teorias econômicas aplicadas ao estudo da religião: em direção a um novo paradigma?*, p. 125-146.

um líder ou movimento enfraquece. Portanto, laços de coesão comunitária também se enfraquecem nesta lógica, pois o individualismo em sua subjetividade religiosa mina a instituição no senso de solidariedade coletiva, de obrigação religiosa, com conseqüente possível afrouxamento de valores morais e de origem identitária estável.

Enfim, pode-se apontar para dois caminhos: surtos emocionais – que dão o tom da religião na contemporaneidade – como religião de primeira mão, baseada na experiência, que questiona a religião regularizada, institucional, tradicionalizada e teologicamente racional/organizada, adaptada à modernidade racional. Por outro lado, pode-se apontar que este mesmo fenômeno está na lógica da modernidade, de escolhas subjetivas, racionais e emocionais dos sujeitos. Questiona-se a racionalização institucional da religião, ao mesmo tempo em que se lança mão dos próprios elementos modernos e racionais (escolha, direito, subjetividade, livre expressão) para articular e compor a experiência religiosa.

## Mercado religioso, pluralismo e sociedade

Até aqui defendi que na modernidade secularizante há o enfraquecimento da religião institucional em sua influência no ordenamento do mundo social e da consciência dos indivíduos e, conseqüentemente, em sua vida social. Neste sentido "certezas" e plausibilidades passam ao território privado, como descobertas pessoais existenciais. As amarras culturais religiosas, dantes firmes, que procuravam congregar as pessoas e sociedades numa visão coesa da vida, numa plausibilidade consagrada e bem conversada, desgastam-se. As pessoas sentem-se livres para buscar, de forma autônoma, o seu próprio universo de significações diante de um mundo fragmentado. Mundo de mosaicos. Assim, a própria multiplicidade de movimentos religiosos atuais e adesões livres e trânsitos em meio deles mostra essa secularização. A fragmentaridade religiosa e seu "mercado aberto" e "herético" (no dizer de Peter Berger), assim como sincrético ou compósito, é espelho da falta de totalização de sentido que a decadência de hegemonias religiosas, a falta de caução religiosa institucional reguladora, leva à sociedade.

O próprio trânsito religioso tolerado e admitido como natural, sem culpas ou maiores impedimentos, mostra a "libertação" do indivíduo em relação à religião, sua autonomia sem peias ou aios. Assim, o pluralismo religioso se torna, simultaneamente, fator e resultado da secularização.[38] A secularização, assim, revela o pluralismo religioso, e vice-versa, em que se rompem monopólios religiosos de um único cosmos sagrado e se implanta o regime de concorrência entre os diversos agentes religiosos. Seguindo a trilha de Berger, descobre-se que no mundo contemporâneo não há mais o singular a definir mundo, sociedade e consciências individuais, mas uma perda de autoridade de qualquer religião/instituição que queira possibilitar uma visão e influência unívoca

---

[38] PIERUCCI, Antônio Flávio. *Reencantamento e dessecularização.* A propósito do auto-engano em sociologia da religião, p. 115.

sobre o todo social. Desta forma, cada religião/instituição deve-se lançar no "mercado religioso" como uma entre outras, usando as operações da economia de mercado, adaptando-se às demandas e, assim, tendo mesmo de modificar, no limite, certos traços seus até então intocados. Sem querer exagerar, posso dizer que, se antes, a religião moldava o indivíduo e seu mundo, hoje a tendência se inverte.

Esse quadro impele o indivíduo a fazer sua própria mestiçagem religiosa diante de uma situação religiosa de ofertas várias, de plausibilidades concorrentes, que tendem, no geral, a levar o indivíduo à atitude moderna da escolha, ou ao menos da pertença ao seu modo de vínculos frouxos, e a uma potencial antropofagia religiosa, em que coerências doutrinárias não dão o ponto do bolo cultural-religioso que o sujeito moderno faz em suas re-significações da semântica das tradições, as quais usa a seu bel-prazer, sem pudores ou culpas; embora, de forma subjetiva e independente, o pessoal possa recorrer, como quer e a seu jeito, ao institucional. Assim, não é a religião institucional que desaparece, mas a possibilidade de uma delas (ou mais de uma) ditar um dossel sagrado para a sociedade e para os indivíduos. O que resta é a presença simultânea de várias agências religiosas, convivendo entre si, acotovelando-se no mercado de sentidos e eficácias simbólicas, num oferecimento de seus produtos que, *grosso modo*, não serão mais adquiridos de forma permanente e, quando adquiridos, sofrerão as alterações do gosto do freguês. Esta religião, cujo dogma primeiro são as emoções, os sentimentos, as eficácias pessoais, e cujo sumo sacerdote é o indivíduo em suas sínteses pessoais, constituir-se-ia, para o sociólogo Thomas Luckmann, numa "religião invisível", isto é, não mais reconhecível e visível nas instituições, mas alçada à privacidade invisível e autônoma de cada um.

Mas, mais uma vez quero frisar, é religião. E assim novamente esclareço que o processo de secularização não é um processo de menos religião, mas de menos instituição, de menos regulação institucional, de menos influência das tradições no seio da sociedade, do Estado, dos indivíduos. Religião é o que não falta na sociedade atual. Mas a religião é cada vez mais um setor do domínio do privado, aí tendo seus limites. É a coroação dos mundos de sentidos atomizados, fragmentados. Assim, entendo que secularização não se vincula tanto à ausência de religião – pois religião está a pulular, bem entendida aqui como vivência subjetiva e particular do sujeito –, ou diminuição dela, mas como perda de poder temporal das instituições/tradições, confinamento do religioso a grupos voluntários e impotência da instituição em controlar a vida dos indivíduos.[39] Portanto, seria preciso redefinir religião como descolada do institucional, da tradição de uma "religião" (cristianismo, budismo, judaísmo etc.), já que à medida que esses definidores institucionais de transcendência se achatam e perdem influência na sociedade, o campo do "religioso" paradoxalmente se alarga.[40]

---

[39] HERVIEU-LÉGER, Daniele, *La religion pour memoire*, p. 38.
[40] PEREZ, Léa Freitas, *Campo religioso em conflito! Mas que conflito é esse?* p. 8.

## Conclusão: as metamorfoses da religião no lastro das novas sensibilidades religiosas

A saída da religião, conforme a secularização vai procedendo, não é o seu fim. Ela permanece através do mistério, dos ritos, de suas circulações simbólicas mesmo em atividades, grupos e projetos não explicitamente tidos como religiosos. A questão é que, no mundo contemporâneo, (pós-)moderno, racional e, às vezes, supra-racional, a religião como dantes conhecida, colada mimeticamente à instituição que representa uma tradição de mundo, de doutrina, de cosmos sagrado, embebendo a sociedade de sua visão e legitimando a sociedade e a si mesma, já não tem lugar ou, ao menos, não tem o mesmo lugar que tinha. E, assim, na modernidade, não tendo ela fundamento geral, os indivíduos são impelidos a fazer escolhas, e os fundamentos tendem a ser plurais e a tornar-se subjetivos. As tradições permanecem existindo, mas agora sob os auspícios e nos jogos das disputas subjetivas. Mesmo dentro das tradições, para quem adere de forma singular a uma tradição e a ela se vincula em fidelidade a fronteiras estabelecidas, a pluralidade se faz presente também na lógica do subjetivo, da eficácia simbólica pessoal ou grupal, numa autonomia da experiência e referencialidade religiosa, em que o indivíduo ou grupo busca reconduzir a tradição a uma visão particular e fragmentada de mundo, como são exemplos, no seio do cristianismo, as teologias domésticas de grupos específicos, como teologia feminista, gay, negra, ecológica etc. O indivíduo contemporâneo parece não se identificar mais com discursos universais.

Enfim, não se perde religião na sociedade atual. Ela sofre um processo de metamorfose, em que o seu fim é o fim daquela dita-cuja totalizante da sociedade.[41] Na ordem da cultura (pulverizada e privatizada) a religião permanece. Mas restrita a experiências singulares e sistemas de convicção. Por mais que possa pulular religião na sociedade, em sua pluralidade, suas bricolagens ou mesmo no reaparecimento de fundamentalismos, as pessoas já não vêem mais no político, no social, o divino. A sociedade foi dessacralizada. Religião é coisa pessoal.

Vive-se numa sociedade de fragmentos, onde a religião não deixou de existir, mas se metabolizou ou migrou do dossel sagrado encompassador da realidade e sociedade para a pluralidade polissêmica, nas livres escolhas pessoais, formando mosaicos isolados uns dos outros, em alquimias mesmo surpreendentes. E, neste compasso, as instituições/tradições religiosas passam a ser meramente "caixas de ferramentas simbólicas" (Hervieu-Léger) para o mundo *a la carte* do indivíduo moderno. O fim de um modelo de religião (e de sociedade). Mas não o fim da religião, ou se preferir, das "sensibilidades religiosas".

---

[41] STEIL, Carlos Alberto. *Para ler Gauchet.*

# Estudos da religião: Para continuar lendo e estudando

Os estudos da religião aumentaram significativamente nos últimos anos. Há inúmeros departamentos em universidades públicas e privadas de nosso país que tratam, em suas pesquisas, da religião como tema central ou secundário. Mais especificamente houve, recentemente, o reconhecimento dos cursos de teologia e de ciências da religião, e vem crescendo a oferta de pós-graduações *stricto sensu* na área de Ciências da Religião e Teologia, com atualmente, no Brasil, sete Programas de Ciências da Religião e cinco de Teologia, devidamente reconhecidos pela CAPES (órgão oficial de reconhecimento e avaliação de cursos de pós-graduação, gerido pelo governo federal), afora o flutuante número de pós-graduações *lato sensu* na área de estudos da religião. Constata-se que o tema ocupa cada vez mais lugar no pensamento acadêmico brasileiro, o que evidencia sua importância e legitimidade como área de estudos entre as ciências humanas e sociais. Estudar a religião deixou de ser tarefa de exóticos, passou a ser visto como algo primordial para a compreensão de nossa realidade social e cultural. Não que não tivéssemos estudos anteriormente, mas o volume e o interesse são incomparavelmente mais significativos hoje.

Nos últimos anos aumentou, também, o número de publicações de estudiosos sobre a religião, alguns com identidade clara com uma tradição religiosa, outros sem nenhum vínculo – pelo menos público – com a religião. Independentemente da origem do pesquisador, temos, cada vez mais, pesquisas e textos investigativos sobre o fenômeno religioso. Estamos, portanto, no Brasil, não somente no processo de consolidação formal da área de estudo sobre religião, mas também nos encontramos em plena produção de conhecimento sobre o fenômeno religioso. Ainda assim, são poucos os textos introdutórios ao estudo da religião. Aqui nomeamos alguns dos mais recentes e significativos: 1) Faustino Teixeira. *A(s) Ciência(s) da Religião no Brasil*. São Paulo: Paulinas, 2001. Trata-se de coletânea oriunda de seminário organizado pelo Programa de Pós-Graduação em Ciência da Religião da Universidade Federal de Juiz de Fora, em 2001 e teve como finalidade refletir sobre a afirmação da área junto à CAPES. Como não poderia deixar de ser, a coletânea apresenta distintas perspectivas sobre a religião e não tem o caráter de introdução formal ao estudo da religião. 2) Um bom livro introdutório é o de José Severino Croatto. *As linguagens da experiência religiosa: uma introdução à fenomenologia da religião*. São Paulo: Paulinas, 2001. Como o próprio título indica, trata-se de uma introdução a partir da perspectiva fenomenológica. 3) O livro de Frank Usarski, – *Constituintes da Ciência da Religião*. São Paulo: Paulinas, 2006 – é uma abordagem que aponta para o desenvolvimento histórico das ciências da religião, dando destaque a temas considerados norteadores para este desenvolvimento, como foi o tema do sagrado. 4) O livro de Han-Jürgen Greschat – *Que é Ciência da Religião*? São Paulo: Paulinas, 2006 –, que parte de uma perspectiva da Carl Rogers para falar do papel da religião. O autor pressupõe a teologia como ciência de uma única religião (o cristianismo) e que a ciência da religião teria a tarefa de estudar outras experiências religiosas e o próprio cristianismo. Fechamos, com esses títulos, o ciclo dos textos com caráter mais introdutório. Na bibliografia, o leitor encontrará outros livros de interesse para o estudo da religião.

# Bibliografia

Aqui estão elencados alguns livros e artigos. Alguns deles serviram de base ou citação para as partes do presente livro. Outros são oportunas sugestões de leitura para aprofundamento.

ARMSTRONG, Karen. *Uma História de Deus. Quatro milênios de busca do Judaísmo, Cristianismo e Islamismo.* São Paulo: Companhia das Letras, 1994.

ASSMANN, Jan. *Die Mosaische Unterscheidung. Oder der Preis des Monotheismus.* München: Carl Hansen Verlag, 2003.

BERGER, Peter. *O Dossel sagrado.* Elementos para uma sociologia da religião. São Paulo: Paulus, 2004.

BIRMAN, Patrícia. "Modos periféricos de crença". In: SANCHIS, Pierre (org.). *Catolicismo: unidade religiosa e pluralismo cultural.* São Paulo, Rio de Janeiro: Loyola, Iser, 1992, p. 167-196.

BOURDIEU, Pierre. *A economia das trocas simbólicas.* São Paulo: Perspectiva, 1992.

CAMPBELL, Joseph. *Isto és tu.* Redimensionando a metáfora religiosa. São Paulo: Editora Landy, 2002.

CAMURÇA, Marcelo Ayres. "Secularização e reencantamento: a emergência dos novos movimentos religiosos". In: *BIB*, São Paulo, número 56, 2003, p. 55-69.

CAPPS, Walter. *Religious Studies*. The Making of a Discipline. Minneapolis: Fortress Press, 1995.

CASTORIADIS, Cornelius. *Os destinos do totalitarismo e outros escritos*. Porto Alegre: L&PM, 1985.

CROATTO, José Severino. *As linguagens da experiência religiosa*: uma introdução à fenomenologia da religião. São Paulo: Paulinas, 2001.

DAMATTA, Roberto. *A casa e a rua*. Rio de Janeiro: Zahar, 1982.

DEBRAY, Régis. *Deus*. Um itinerário. São Paulo: Companhia das Letras, 2004.

ELIADE, Mircea. *História das crenças e das idéias religiosas*. Vol. 1 e 2 (tomo I), Vol. 1 e 2 (tomo II). Rio de Janeiro: Zahar, 1978 e 1979.

ELIADE, Mircea. *O sagrado e o profano*: a essência das religiões. São Paulo: Martins Fontes, 1992.

FILORAMO, Giovanni; PRANDI, Carlo. *As ciências das religiões*. São Paulo: Paulus, 1999.

FRIGERIO, Alejandro. "Teorias econômicas aplicadas ao estudo da religião: em direção a um novo paradigma?". In: *BIB*. São Paulo, n. 50, 2000, p. 125-143.

HELLER, Agnes. *O cotidiano e a história*. São Paulo: Paz e Terra, 1995.

HELLER, Agnes. *Uma teoria da história*. Rio de Janeiro: Civilização Brasileira, 1993.

HERVIEU-LÉGER, Danièle. *La religion pour memoire*. Paris: Cerf, 1993.

HERVIEU-LÉGER, Danièle. "Representam os surtos emocionais contemporâneos o fim da secularização ou o fim da religião?", in: *Religião e Sociedade*. Rio de Janeiro, 18/1, 1997, p. 31-48.

JORGE, Simões. *Cultura Religiosa*: o homem e o fenômeno religioso. São Paulo: Loyola, 1994.

LAGO, Lorenzo; REIMER, Haroldo; SILVA, Valmor (org.) *O sagrado e as construções de mundo*. Goiânia: UCG/ Universa, 2004.

MACEDO, Carmen Cinira. *Imagem do eterno*: religiões no Brasil. São Paulo: Moderna, 1989.

MARTIN, David. "Remise en question de la théorie de la secularization, in: HERVIEU-LÉGER, Danièle (eds.) *Identités religieuses en Europe*. Paris: La Découverte, 1996.

OTTO, Rudolf. *O sagrado*. São Bernardo do Campo: Imprensa Metodista, 1985.

PADEN, William. *Interpretando o sagrado*. Modos de conceber a religião. São Paulo: Paulinas, 2001.

PASSOS, João Décio. "As formas complexas de o povo crer. In: *Revista da APG*. São Paulo: PUC, 1999, p. 7-22.

PEREZ, Léa Freitas. *Campo religioso em conflito! Mas que conflito é esse?* Porto Alegre, 1996, Mimeo. 22p.

PIAZZA, Waldomiro. *Introdução à Fenomenologia Religiosa*. Petrópolis: Vozes, 1983.

PIAZZA, Waldomiro. *Religiões da humanidade*. São Paulo: Loyola, 1991.

PIERUCCI, Antônio Flávio. "Reencantamento e dessecularização. A propósito do auto-engano em sociologia da religião". In: *Novos Estudos Cebrap*. N. 49, nov., 1997, p. 99-117.

RODRIGUES, Maria Paula. *Os mortos podem curar?* São Paulo: Paulus, 2003.

SANCHIS, Pierre. "Religiões, religião... alguns problemas do sincretismo no campo religioso brasileiro". In: SANCHIS, Pierre. *Fiéis e cidadãos: percursos de sincretismo no Brasil.* Rio de Janeiro: EdUERJ, 2001.

SILVA, Eliane Moura. *Vida e morte*: o homem no labirinto da eternidade. Campinas: Unicamp, 1998, (Tese de Doutorado).

STEIL, Carlos Alberto. "Para ler Gauchet". In: *Religião e Sociedade.* Rio de Janeiro, 16/3, 1994. p. 99-117.

SUSIN, Luiz Carlos. *Assim na terra como no céu*: brevilóquio sobre Escatologia e Criação. Petrópolis: Vozes, 1995.

TEIXEIRA, Faustino (org.) *A(s) Ciências(s) da Religião no Brasil*: afirmação de uma área acadêmica. São Paulo: Paulinas, 2001.

TEIXEIRA, Faustino; MENEZES, Renata (orgs.). *As religiões no Brasil:* continuidades e rupturas. Petrópolis: Vozes, 2006.

TEIXEIRA, Faustino; MENEZES, Renata (orgs.). *Sociologia da Religião*: enfoques teóricos. Petrópolis: Vozes, 2001.

TERRIN, Aldo Natale. *Introdução ao estudo comparado das religiões.* São Paulo: Paulinas, 2001.

WILGES, Irineu; COLOMBO, Olírio. *Cultura Religiosa.* V. 2. Petrópolis: Vozes, 1983.

WILGES, Irineu. *Cultura religiosa.* V. 1. Petrópolis: Vozes, 1982.

Conheça os outros títulos da
**Coleção Cultura e Religião**

### EXPRESSÕES DO SAGRADO
*Reflexões sobre o fenômeno religioso*
Antonio Magalhães
Rodrigo Portella

### ECUMENISMO E DIÁLOGO INTER-RELIGIOSO
*A arte do possível*
Faustino Teixeira
Zwinglio Mota Dias

### A IGREJA CATÓLICA NA FORMAÇÃO DA SOCIEDADE BRASILEIRA
Riolando Azzi